高等院校"十三五"规划教材

管理学基础

方玉泉　周永莲　主编

合肥工业大学出版社

前　　言

管理是人类的基本活动，一切社会现象都与管理活动密切相关。大到国家、政府，中到企业、学校，小到家庭和个人，无不需要有效的管理。对管理活动的基本规律和一般方法的学习对人类社会来说是至关重要的。

管理学基础是高等院校经济管理类专业的必修课，也是其他专业学生应该学习和掌握的课程之一。如何让没有管理经历的学生接受、理解和应用管理学的知识和方法，是编者在编写教材过程中着重思考的问题。本教材在管理理论取舍与安排的基础上，力图做到系统完整而又重点突出。

本书全面介绍了管理活动与管理理论，管理活动的计划、决策、组织、领导、控制等基本职能。目的是使学生厘清管理脉络，学会管理方法，掌握管理技巧。

为了便于教与学，本书在章前设有学习目标、引导案例，章后设有复习思考题和拓展实训，希望通过这种编排，使得学生学习之前有目标，学习之后有总结，并能运用所学知识解决管理实践问题。

本书的框架结构、提纲和内容体系由湖北文理学院理工学院方玉泉老师确定，方玉泉老师负责编写第一章、第三章、第四章、第五章和第六章，并负责全书的统稿和定稿工作。武汉学院的曾志勇老师负责第二章的编写。

本书体系完整，层次分明，适合作为普通高等院校经济管理类专业应用型本专科学生的教材，也可供广大管理人员自学、培训和参考使用。

由于编者水平及认知能力有限，书中难免出现不足和疏漏，恳请广大专家、同行和读者不吝赐教、批评指正。

编　者

2018 年 3 月

目　录

第一章 管理活动与管理理论

学习目标

掌握管理的定义、管理者的技能结构、古典管理理论和行为科学理论；理解管理的属性、职能、管理系统的构成；了解管理学的研究方法、中外早期管理思想。

引导案例

袋鼠与笼子

有一天动物园的管理员们发现袋鼠从笼子里跑出来了，于是开会讨论原因，普遍认为是笼子的高度过低所致。于是他们决定将笼子的高度由原来的 10 米加高到 20 米。结果第二天他们发现袋鼠还是跑到了外面，于是他们又决定再将高度加到 30 米。没想到隔天居然看到袋鼠还是全跑到了外面，于是管理员们大为紧张，决定一不做二不休，将笼子的高度加高到 100 米。

一天长颈鹿和几只袋鼠们开始闲聊。

“你们看，这些人会不会再继续加高你们的笼子?”长颈鹿问。

“很难说，如果他们再继续忘记关门的话!”袋鼠说。

问题：动物园在管理方面有没有问题？到底什么是管理？

第一节 管理活动及管理系统

一、管理的定义与属性

(一) 管理的定义

众所周知，管理作为人类所有活动中最重要的活动之一，其价值性不言而喻。从原始社会的氏族部落活动开始以来，作为社群动物的个人无法通过单个的力量存续，管理工作就成为协调个人、群体、组织活动必不可少的因素。随着社会不断向前发展，社会分工越来越精细，人与人之间的合作更加紧密，以协调为核心的管理工作就变得越来越重要。到底什么是管理，如何进行有效的管理呢?

关于管理的定义，不同的学者从不同的角度给出了解释，主要有以下几种：

职能说（法约尔)：管理就是计划、组织、指挥、协调和控制。这种定义突显了管理职能的重要性，认为管理就是围绕着基本职能展开的。

决策说（西蒙)：管理就是决策。该定义明确了决策在管理中的重要性，认为管理的过程就是决策的过程，决策正确与否关系到组织的兴衰。

领导说（穆尼)：管理就是领导，管理的有效性取决于领导的有效性。这个定义强调了领导的重要性，认为领导是组织的关键人物，领导的有效性、领导水平的高低决定了组织管理的成败。

过程说（斯蒂芬·P. 罗宾斯）：同别人一起使活动完成得更有效的过程。

资源说（路易斯·古德曼·厄特）：切实有效支配和协调资源，并努力实现组织目标的过程。该定义强调组织的"资源"，如人、财、物、信息的重要性。

综合上述管理的定义，本书对管理的定义如下：管理是指一定组织中的管理者，通过有效地利用人力、物力、财力、信息等各种资源，并通过决策、计划、组织、领导、激励和控制职能来协调他人的活动，使别人与自己共同实现既定目标的活动过程。

（二）管理的属性

马克思认为，任何社会的管理都具有二重属性：自然属性与社会属性。管理的二重性之间相互联系、相互作用。同时管理又是一门科学，亦是一门艺术，是科学与艺术的有机结合。

1. 自然属性与社会属性

管理的自然属性，是指管理要处理人与事的关系，处理人和物的关系，要合理组织生产力，维护社会化生产、社会化活动的秩序，这和社会生产力发展程度密切相关，所以又称为管理的生产力属性。

管理的社会属性，是指管理要处理人与人之间的关系。人生活在社会中，受到生产方式、生产关系、政治制度和意识形态的影响与制约。所以管理必然体现社会统治阶级和生产资料所有者的意志。管理的社会属性是一定生产关系的体现，是为一定的生产关系服务的，在不同的社会制度下具有本质的区别，它主要取决于社会生产关系。

2. 科学性与艺术性

管理的科学性是指管理活动存在一系列客观规律，可以通过有效的研究方法和步骤来分析问题、解决问题。管理的科学性表现在通过对管理活动的长期研究、探索和总结，管理已经形成了比较系统化的理论体系，存在着一系列基本规律。掌握了这一系列基本规律，就可以用来指导自己的管理实践、提高管理决策的有效性。

管理的艺术性是指管理活动单纯依靠理论进行是不能保证其成功的。管理活动需要结合所处的管理环境和管理情景，因地制宜，并结合具体的管理对象，因人而异。

二、管理的职能

管理的职能是指管理活动的职责和功能。它是管理主体对管理客体在管理过程中施加影响的具体体现，是涉及管理者职责和管理机构功能的依据。学术界普遍接受的观点是管理者的四大基本职能为计划、组织、领导和控制。

（一）计划职能

计划是管理的首要职能，其他职能都是围绕计划所确定的目标进行。简单地说，计划就是确立组织目标以及实现目标的路径。古语有，凡事预则立，不预则废，这句话充分体现了计划在管理活动中的重要性。

（二）组织职能

组织职能是管理者为实现组织目标而建立协调组织与内部关系的工作过程。组织是组织目标实现的重要载体。组织工作的内容包括组织设计、组织运行和组织变革。

（三）领导职能

领导是指管理者运用影响力，引导、带领、激励下属去实现目标的过程。每一个组织都需要一个领军人物，这个领军人物的重要作用就是要引导、协调和激励员工。但每个领军人物的性格、素质和能力不尽相同，因而会形成诸多的领导风格和领导方式。管理的艺术性更大程度上体现为领导方面的艺术性。

（四）控制职能

控制职能亦称监督职能，是为保证组织的正常运行并顺利实现计划目标而对组织的经济活动和共同劳动过程进行检查、分析、督导的过程。控制职能内容主要包括控制的原理、控制的过程和控制的方法。

三、管理的基本原理

管理活动作为社会最普遍的一种活动，其运行有一定的规律可循。在管理过程中，需要坚持以下三个基本原理。

（一）效益原理

效益原理是指管理活动要以实现组织目标为根本，以创造组织良好绩效为最大目标。组织绩效的直接体现就是成本最小化、效益最大化，同时要兼顾经济效益和社会效益相统一。

坚持效益原理就必须从管理效果和管理效率两个方面着手。管理效果是指组织首先要确立好正确的努力方向，即做正确的事。管理效率是指在明确正确的目标后，还要坚持科学的方法，提高做事的效率，即正确地做事。

（二）人本原理

人本原理是指在管理过程中要始终坚持以人为本，尊重人才、重视人才和培养人才。人作为管理的核心，是组织所有资源中最为重要的资源。人不仅仅是管理的对象，而且是管理的主体，组织需要通过激励的手段去调动员工的积极性和创造性，实现组织目标。

（三）适度原理

适度原理要求管理者进行适情管理和适时管理。适情管理是指管理者应根据组织内外的环境和特点来进行选择，就是管理者在管理时要审时度势，管理制度和方式要适应组织的环境和特点。适时管理则要求管理者要根据恰当的时机、合适的条件来进行有效的管理。

四、管理系统

管理系统是指相互联系、相互作用的若干要素和子系统，按照管理的整体功能和目标集合而成的有机整体。任何管理都自成系统，管理作为动态过程，管理系统包括管理者、管理环境、管理机制与方法、管理对象和管理目标五个构成部分。五个要素间相互联系、相互作用。

（一）管理者

管理者是在组织中履行管理职能、指挥或协调他人完成工作任务、对实现组织目标负有责任的人。管理的主体是管理者，管理者对组织目标的实现起着非常重要的作用。

1. 管理者类型

① 按管理领域的范围划分，管理者可以分为综合管理者和职能管理者。

综合管理者是指负责管理整个组织全部事务的管理者。例如学校的校长、工厂的厂长。职能管理者是指仅仅负责组织中某一类活动的管理者。例如学校的教务处处长、公司的财务部部长。

② 按管理层级划分，管理者可以分为基层管理者、中层管理者和高层管理者。

基层管理者亦称一线管理者，主要职责是将上级的行动方案落到实处，直接分配每个成员生产或工作任务。例如教研室主任、班组长等。

中层管理者主要职责是贯彻高层管理者制定的重大决策，监督和协调基层管理者工作。例如系主任、部门经理等。

高层管理者是对整个组织的管理负有全面责任的人。主要职责是制定组织的总目标、总战略、大政方针并评价整个组织的绩效。例如校长、CEO 等。

2. 管理者素质

管理者素质是在先天基础上，通过后天的学习、教育和培训锻炼而成的。管理者相对于一般员工而言，对其素质要求要严格一些。管理者素质包括业务素质、身心素质和政治与文化素质。

① 业务素质包括一般业务素质和专门业务素质。一般业务素质是指管理者需要了解管理活动基本的规律和方法。专门业务素质是指管理者需要具备所管辖领域的知识和能力。

② 身心素质包括身体素质和心理素质。管理者由于工作压力、工作强度比一般员工要大，因此对管理者本人的身体状况和心理调适能力有更高的要求，包括健康的体魄、坚定的意志、乐观的性格等。

③ 政治与文化素质指管理者的政治思想修养水平和文化基础。管理者需要有效地指导下属，广博的知识和文化修养以及正确的政治立场都会直接影响管理目标的实现。

3. 管理者技能

管理者具备良好的素质为管理好工作奠定了基础，但要把它转化为实际工作效率，还要通过管理者的管理技能体现出来。根据罗伯特·卡茨的研究，管理者应掌握的技能包括以下三类：

① 概念技能。这一技能是指管理者在纷杂的组织环境中发现问题与解决问题的能力，一般而言，管理层次越高，对于概念技能的要求也越高。

② 人际技能。人际技能即在组织目标取得的过程中与他人共事的能力，包括表达能力、协调能力和激励能力等方面。

③ 技术技能。技术技能即使用某一专业领域有关的工作、技术和知识完成组织任务的能力。对于基层管理者来说，这一技能尤为重要。

4. 管理者角色

亨利·明茨伯格研究发现管理者扮演着十种角色，这十种角色可被归纳为三大类：人际角色、信息角色和决策角色，如图 1-1 所示。

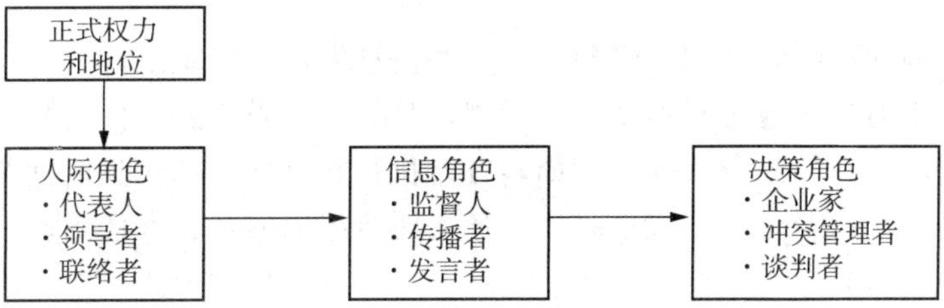

图 1-1　管理者角色

（1）人际角色

人际角色归因于管理者的正式权力。管理者所扮演的三种人际角色是代表人、领导者和联络者。

① 代表人

这是经理所担任的最基本的角色。由于经理是正式的权威，是一个组织的象征，因此要履行这方面的职责。作为组织的首脑，每位管理者有责任主持一些仪式，比如接待重要的访客、参加某些职员的婚礼、与重要客户共进午餐等。很多职责有时可能是日常事务，然而，它们对组织能否顺利运转非常重要，不能被忽视。

② 领导者

由于管理者是一个企业的正式领导，要对该组织成员的工作负责，在这一点上就构成了领导者的角色。这些行动有一些直接涉及领导关系，管理者通常负责雇用和培训职员，负责对员工进行激励或者引导，以某种方式使他们的个人需求与组织目的达到和谐。在领导者的角色里，我们能最清楚地看到管理者的影响。正式的权力赋予了管理者强大的潜在影响力。

③ 联络者

联络者指的是经理同他所领导的组织以外的无数个人或团体维持关系的重要网络。通过对每种管理工作的研究发现，管理者花在同事和单位之外的其他人身上的时间与花在自己下属身上的时间一样多。这样的联络通常都是通过参加外部的各种会议，参加各种公共活动和社会事业来实现的。实际上，联络角色是专门用于建立管理者自己的外部信息系统的——它是非正式的、私人的，却是有效的。

（2）信息角色

在信息角色中，管理者负责确保和其一起工作的人能够得到足够的信息。管理职责的性质决定了管理者既是其所在单位的信息传递中心，也是别的单位的信息传递渠道。

① 监督者

作为监控者，管理者为了得到信息而不断审视自己所处的环境。他们询问联系人和下属，通过各种内部事务、外部事情和分析报告等主动收集信息。担任监控角色的管理者所收集的信息很多都是口头形式的，通常是传闻和流言。当然也有一些董事会的意见或者是社会机构的质问等。

② 传播者

组织内部可能会需要这些通过管理者的外部个人联系收集到的信息。管理者必须分享并分配信息，要把外部信息传递到企业内部，把内部信息传给更多的人。当下属彼此之间缺乏便利联系时，管理者有时会分别向他们传递信息。

③ 发言者

这个角色是面向组织外部的。管理者把一些信息发送给组织之外的人，而且经理作为组织的权威，要求对外传递关于本组织的计划、政策和成果信息，使得那些对企业有重大影响的人能够了解企业的经营状况。例如，首席执行官可能要花大量时间与有影响力的人周旋，要就财务状况向董事会和股东报告，还要履行组织的社会责任等。

（3）决策角色

在决策角色中，管理者处理信息并得出结论。管理者负责做出决策，并分配资源以保证决策方案的实施。

① 企业家

企业家角色指的是经理在其职权范围之内充当本组织变革的发起者和设计者。管理者必须努力组织资源去适应周围环境的变化，要善于寻找和发现新的机会。而作为创业者，当出现一个好主意时，总裁要么决定一个开发项目，直接监督项目的进展，要么就把它委派给一个雇员。这就是开始决策的阶段。

② 冲突管理者

企业家角色把管理者描述为变革的发起人，而危机处理者角色则显示管理者非自愿地回应压力。在这里，管理者不再能够控制迫在眉睫的罢工、某个主要客户的破产或某个供应商违背了合同等变化。在危机的处理中，时机是非常重要的。而且这种危机很少在例行的信息流程中被发觉，大多是一些突发的紧急事件。实际上，每位管理者必须花大量时间应对突发事件，没有组织能够事先考虑到每个偶发事件。

③ 资源分配者

管理者负责在组织内分配责任，他分配的最重要的资源也许就是他的时间。更重要的是，经理的时间安排决定着他的组织利益，并把组织的优先顺序付诸实施。接近管理者就等于接近了组织的神经中枢和决策者。管理者还负责设计组织的结构，即决定分工和协调工作的正式关系的模式，分配下属的工作。在这个角色里，重要决策在被执行之前，首先要获得管理者的批准，这能确保决策是互相关联的。

④ 谈判者角色

组织要不停地进行各种重大的、非正式化的谈判，这多半是由经理带领进行的。对在各个层次进行的管理工作研究显示，管理者花了相当多的时间用于谈判。一方面，因为经理的参加能够增加谈判的可靠性，另一方面因为经理有足够的权力来支配各种资源并迅速做出决定。谈判是管理者不可推卸的工作职责，而且是工作的主要部分。

（二）管理环境

管理环境是指存在于社会组织内外部，影响管理实施和管理效果的各种力量、条件和因素的总和。任何组织都存在一定的环境中，环境对组织的管理会产生直接或间接的影响。这里所指的管理环境包括宏观环境、中观环境和微观环境。

1. 宏观环境

宏观环境是指对组织的活动产生影响的宏观环境因素或区域环境因素，包括政治因素、经济因素、社会因素、法律因素、技术因素等，常用 PEST 方法分析。

2. 中观环境

中观环境是指某个社会组织完成特定任务过程中所面临的行业环境，包括供应商、购买商、竞争者、顾客、政府主管部门等，常采用迈克尔·波特的五力分析法。

3. 微观环境

微观环境是指组织内部的环境，包括组织的资金、组织的产品、组织的治理结构等方面，了解组织自身的优势与劣势，常采用 SWOT 分析法。

（三）管理机制与方法

管理机制与方法是管理主体作用于管理对象的运作原理与实施方式、手段。管理机制包括运行机制、动力机制和约束机制。任何组织目标的实现必须借助一定的载体，这个载体就是组织，因此组织就是管理活动能够正常运行的基础。任何组织都需要一定的动力来运作，动力机制包括物质动力、精神动力和信息动力。例如资金、办公场所、组织宗旨、目标和信息沟通等。约束机制包括权力约束、利益约束、责任约束和社会心理约束。

管理主体作用于管理对象必须采取一定的方法，管理的方法一般包括行政方法、经济方法、法律方法和社会心理方法等。

（四）管理对象

管理对象是管理者为实现组织目标，通过管理行为作用其上的客体。管理对象主要包括以下几个方面：

1. 人员

人是管理对象中最为核心的要素。人在管理中具有双重角色：既是管理者又是被管理者。针对员工的管理，属于人力资源管理的范畴，主要涉及组织中员工的选、用、育、留四个方面。

2. 资金

任何组织的运行都离不开资金，资金是组织极为重要的资源。针对资金的管理，属于财务管理的范畴，主要涉及组织资金的筹措与运用。

3. 物资设备

物资设备是组织开展管理活动、实现目标的物质条件和保证。通过科学的管理，能达到物尽其用的效果。

4. 信息

21 世纪被称为信息时代，信息已成为重要的管理对象。管理中的资金流、物流都要通过信息反映和实现。管理职能发挥作用，也需要信息的支持。只有不断地进行信息的交换、传递、加工和处理，把组织中各要素有机结合起来，才能形成现实的管理活动。

5. 时间

管理既要强调效果，同时也要注重效率的提升。效率的具体表现就是要有效地管理时间。例如生产部门的生产进度表、销售部门的销售计划表等，都充分体现了组织对时间的合理规划和安排的重要性。

（五）管理目标

目标的制定是管理活动的起点，管理目标的实现是管理活动的归宿点。任何组织都必须在管理目标的指导下开展具体管理活动。因此一个有效的管理目标非常重要。有效的管理目标须符合“SMART”原则：

Specific——具体的；

Measurable——可以量化的；

Achievable——能够实现的；
Result-oriented——注重结果的；
Time-limited——有时限的。

第二节　管理学的研究对象与研究方法

一、研究对象

管理学是一门系统的研究管理活动的普遍规律、基本原理和一般方法的科学。

二、管理学研究方法

（一）唯物辩证法

管理学源于管理实践，以自然科学为中介研究管理过程，是实践经验的综合、概括和升华，所以学习和研究管理学要遵循实事求是的原则，用历史的观点去观察和分析问题。

（二）系统方法

系统是指若干要素在特定关系作用下所形成的具有特定性能的结构整体。系统的特征包括整体性、目的性（低耗高效）、开放性、交换性、相互依存性、控制性。系统的观点包括整体观点、"开放性"与相对"封闭性"的观点、信息反馈观点、分级观点、不断完善的观点、等效观点（不同的途径、方法）。

（三）理论联系实际的方法

通过具体案例的分析研究，提高运用管理理论和方法的水平。

（四）其他基本方法

① 演绎法：一般→个别，结论在前提中，先假设（公理），建立一套理论→验证。
② 归纳法：逻辑推理的方法，个别→一般。
③ 类比法：个别→个别。
④ 统计法：用统计理论或数理统计原理，对大量偶然现象进行分析，找出总体必然性。
⑤ 数学模型：确定型数学模型、随机型教学模型、突变型数学模型、模糊型数学模型。

第三节　管理理论的形成与发展

管理实践活动的产生要早于管理理论的形成，管理实践活动的早期，还没有专门研究管理的理论学说，管理的一些思想散落在相关典籍中。因此在具体学习管理理论形成与发展之前，有必要简单了解一下中外早期管理思想。

一、中外早期管理思想

（一）中国早期管理思想

中国作为四大文明古国之一，有着丰富的管理思想。

中国早期的管理思想，主要可以分为治国学、治生学、治家学和治身学，由此产生的流派有儒家学派、道家学派、兵家学派、法家学派等。例如关于治国学，不同流派的观点有所区别，儒家学派倡导“民为重、君为轻，社稷次之”，道家学派指出“治大国如烹小鲜”等。中国古代管理思想散落在许多经典著作中，如《孙子兵法》《周礼》《墨子》《老子》《齐民要术》等。

（二）外国早期管理思想

外国的管理实践和思想历史非常悠久，主要体现在军队指挥、治国施政和教会管理活动上。这里主要介绍三个代表人物和他们的管理思想。

1. 亚当·斯密

亚当·斯密（Adam Smith，1723—1790）是英国古典政治经济学家，被尊称为经济学之父。其代表作《国富论》对管理学的深远影响表现为两个方面：①“经济人”假设；②劳动分工理论。

2. 罗伯特·欧文

罗伯特·欧文（Robert Owen，1771—1858）是19世纪英国著名的空想社会主义者。他强调在管理中应将人与物区别对待，重视对有生命的人的福利，注重对工人的行为教育，被认为是行为科学理论的开山鼻祖。

3. 查理·巴贝奇

查理·巴贝奇（Charles Babbage，1792—1871）是英国著名的数学家和机械学家，代表作是《论机器和制造业的节约》。他对管理学的贡献主要表现在两个方面：①系统地论述了劳动分工的好处与主管人员对物质、设备、人力使用上的具体管理技术；② 强调劳资合作，提出固定工资加利润分享的分配制度。

二、古典管理理论

古典管理理论形成于19世纪末20世纪初的欧美，它主要包括科学管理理论、一般管理理论和理想行政组织理论，如图1-2所示。

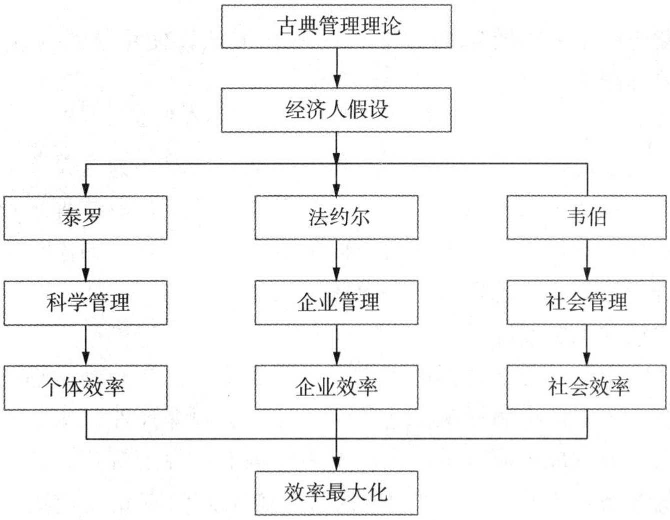

图1-2　古典管理理论图示

(一) 科学管理理论

科学管理理论着重研究如何提高单个工人的生产率。其代表人物主要有泰罗(Frederick W. Taylor，1856—1915)、吉尔布雷斯夫妇(Frank B. Gilbreth，1868－1924；Lillian M. Gilbreth，1878—1972)以及甘特(Henry L. Gantt，1861－1919)等，他们的贡献综合起来被称为“泰罗制”。

1. 泰罗的生平及代表作

泰罗出生在美国一个富有的律师家庭，其母亲希望他能够子承父业，泰罗中学毕业后也顺利考入了哈佛大学法律系，但天有不测风云，大学期间泰罗患上了严重的眼疾，被迫辍学。为了生计，泰罗进入费城的一家机械厂当学徒，在工厂期间泰罗表现很优异，从学徒到技工到车间主任直至总工程师，在此期间也获得了机械学的学士学位。泰罗的职业生涯可以分为两个阶段，前半阶段是从事工厂的具体管理，后半阶段主要是从事写作和演讲，致力推广他的科学管理理论。

泰罗的主要著作包括《计件工资制》《工厂管理》《科学管理原理》。他通过一系列的著作，总结了几十年的管理经验，概括了一些管理原理和方法，经过系统的整理，形成了“科学管理”的理论。由于泰罗在管理理论方面做了许多开拓性的工作，为现代管理奠定了基础，人们为了纪念他，尊称他为“科学管理之父”。

2. “科学管理”的主要内容

(1) 工作定额

泰罗认为，科学管理的核心问题就是效率问题，要想提高效率就必须制定出有科学依据的日工作量即定额管理。定额管理的前提是需要进行动作研究和时间研究。具体方法是选择合适且技术熟练的工人，把他们完成产品的任务动作进行分解，保留有效动作，并精确计算每个动作花费的时间，加上必要的休息时间，就能准确计算生产每个产品的标准时间，用每天的总工作时间除以生产每个产品的标准时间，就可以计算出工人每天的额定工作量。

(2) 标准化

这里的标准化包括工人需要掌握标准化的操作方法，使用标准化的工具、机器和材料，并使作业环境标准化。

(3) 挑选一流人才

在科学管理理论之前，工厂招工没有严格的标准，泰罗认为这是不对的。他认为，应该根据工作的要求来挑选员工，第一流的人才是指能力最适合做这种工作而且也愿意去做这种工作的人。企业应该根据员工的能力不同把他们分配到匹配的岗位上，鼓励他们努力工作，并对他们进行培训，使他们成为一流的工人。

(4) 实行刺激性的工资制度

泰罗认为，为了激励员工努力提高工作效率，需要实行具有刺激性的工资制度。其包括三个方面的内容：①制定定额标准。②差别计件工资制即计件工资率按完成定额的程度而浮动。例如如果工人完成定额数量，工资率采用标准计件工资 P。若工人超额完成定额数量，超额部分的按高工资率计件标准 P_H 执行。若工人没有完成定额标准则执行低工资率计件标准 P_L，一般 $P_H=1.2P$，$P_L=0.8P$。③工资支付的对象是工人而不是职位。即根据工人的实际工作表现而不是根据工作类别来支付工资。泰罗认为这样做可以克服消极怠工的现象，更重要的是能极大地调动工人的工作积极性，提高劳动生产效率。

(5) 计划与执行职能分开

泰罗主张把计划职能与执行职能分开，由专门的计划部门承担计划职能，由所有的工人和部分工长承担执行职能。计划部门的工作包括：①进行动作研究和时间研究；②制定科学的工作定额和标准化的操作方法，选用标准化的工具；③拟定计划，发布指示和命令；④对照标准，对执行情况进行检查和控制。

(6) 例外原则

泰罗认为，规模较大的组织管理，必须采用例外原则。例外原则是指企业的高级管理人员把例行的一般日常事务授权给下级管理人员或下属去处理，自己只保留对重大事项的决策权和监督权。

（二）一般管理理论

1. 法约尔的生平与代表作

一般管理理论着重研究如何提高企业的效率。其代表人物是亨利·法约尔（1841—1925）。法约尔出生于法国一个资产阶级家庭，大学毕业后进入法国非常著名的一家采矿冶金公司工作。他的理论不同于泰罗，法约尔一直在管理岗位上工作，因此其视角是从企业整体的高度研究如何提高效率。丰富的管理实践经验，让他对组织管理理论进行了系统的、独创性的研究，他关于管理组织和管理过程的职能划分理论，对后来的管理理论产生了深远的影响，人们为了纪念他，尊称他为"管理过程之父"。他的主要代表作是《工业管理与一般管理》。

2. 一般管理理论的主要内容

(1) 企业经营的六项基本活动

法约尔认为，任何组织不论规模大小、技术先进与否都包括六项基本活动：

① 技术活动（包括生产、制造和加工）；

② 商业活动（包括购买、销售和交换）；

③ 财务活动（资金的筹措和运用）；

④ 安全活动（设备维护和保证职工安全）；

⑤ 会计活动（货物盘存、资产负债表的制作、核算、统计等）；

⑥ 管理活动（计划、组织、指挥、协调和控制）。

法约尔认为，管理活动只是企业经营活动中的一项，但管理活动处于核心地位。

(2) 管理的十四项基本原则

① 劳动分工。劳动分工可以提高效率。不仅技术需要劳动分工，管理也适合劳动分工。

② 职权与职责。职权是指发号施令的权力和要求服从的威望。职权和职责需要对等。

③ 纪律。纪律是组织成员对协定的尊重。纪律是管理所必需的，它对企业的成功与否极为重要，要尽可能做到严明和公正。

④ 统一指挥。统一指挥是指一个下属有且只有一个直属领导，管理切忌多头领导。

⑤ 统一领导。一个组织在一个时期内，只能有一个总目标和总计划。

⑥ 个人利益服从整体利益。个人和小集体的利益不能超越组织的利益，管理人员需要保证三种利益的一致性。

⑦ 个人报酬。报酬的额度要与员工的付出成比例，至少要满足员工的基本生活需要。

⑧ 集中化。集中化主要是指集权与分权的程度的问题，主要取决于组织的性质、任务的难易程度及下属的能力等因素。

⑨ 等级链。为了保证组织的统一指挥，任何组织都会建立其有序的等级链，一般情况下都要遵循等级链的指挥，但有时为了提高办事的效率，可能需要“打破”等级链，建立起跳板，这种处事方式称为法约尔跳板原理。法约尔跳板原理是指在层级划分严格的组织中，为提高办事效率，两个分属不同系统的部门遇到只有协作才能解决的问题时，可先自行商量、自行解决，只有协商不成时才报请上级部门解决。

⑩ 秩序。组织中的每个人、每种物品都应该放在合适的位置上，要人皆有位、人皆称职。

⑪ 公平。公平要求管理者应以公正、公平的态度对待已经建立的规则和员工。

⑫ 保持人员的稳定。人员的稳定性是组织正常运作的基础。法约尔指出企业的管理人员的稳定性尤为重要。

⑬ 首创精神。创新是一个组织强大的源泉，是企业发展的原动力。

⑭ 团结精神。努力在企业内部建立和谐的团队氛围，同心协力才是组织最大的力量。

（三）理想行政组织理论

1. 韦伯的生平与代表作

马克斯·韦伯出生在德国东部图林根的埃尔福特镇，5 岁时全家迁居柏林，在柏林西郊的家中，经常有一些学术界知名人士集会，他自幼耳濡目染。在韦伯眼中，父亲就是德意志帝国蛮横专制的政治制度化身，这是韦伯对政治学中权力、权威、官僚制度感兴趣的一个原因。韦伯先后在海德堡大学、柏林大学、哥廷根大学学习法律，后在海德堡大学担任经济学教授，他的学术成就引起了学术界和政治界的广泛关注。韦伯的主要代表作包括《新教伦理与资本主义精神》和《经济与社会》。

2. 韦伯理想行政组织的主要内容

（1）权力论

韦伯认为等级、权威和行政制度是一切社会组织的基础。组织可以建立在三种权威之上：

① 理性法定的权力。依法任命并赋予行政命令的权力，对这种权力服从是依法建立的一套等级制度，是对职务或职位权力服从。

② 传统的权力。传统的权力从古老的惯例或世袭得来，例如皇权。

③ 超凡的权力。超凡的权力建立在个人崇拜或者迷信基础上。

（2）理想行政组织的特征

① 明确的分工。每个职位的权力和责任都应有明确的规定，人员按职业化、专业化进行分工。

② 自上而下的等级系统。组织内的各个职位，按照等级原则进行法定安排，形成自上而下的等级指挥链。

③ 人员的任用。根据职位的要求选聘人员，通过正式考试和教育训练来实现。

④ 职业管理人员。管理人员有固定的薪金和明文规定的升迁制度，是一种职业化的管理人员。

三、行为科学理论

行为科学理论形成于20世纪20年代，早期被称为“人际关系学说”，1949年芝加哥会议上提出“行为科学”的概念，之后就称其为行为科学理论。

（一）人际关系学说

1. 梅奥与霍桑实验

梅奥（George Elton Maya，1880—1949），原籍澳大利亚的美国管理学家，是早期的行为科学——人际关系学说的创始人。他出生在澳大利亚，获得阿德类的大学逻辑和哲学硕士，是澳大利亚心理疗法的创始人。1922年他移居美国，1923－1926年作为宾夕法尼亚大学的研究人员为洛克菲勒基金会进行工业研究，1926年任哈佛大学工商管理研究院工业研究室的副教授，后来一直在哈佛大学工作到退休。在此期间他主持了著名的霍桑实验，1929年任工业研究无任期限制的教授。同时，他也是美国艺术与科学院院士。其著作有《工业文明的社会问题》和《工业文明的人类问题》及其他一些著作。梅奥是在管理思想发展史中有特殊地位的一位管理学家。

霍桑实验是在西方电气公司所属的霍桑工厂为测定各种有关因素对生产效率的影响程度而进行的一系列试验，主要由以下四个试验组成：

① 车间照明实验

实验目的：为了弄清照明强度对生产效率所产生的影响。

实验设计：实验组VS对照组，实验组不断增加照明强度，而参照组的照明度始终保持不变。

实验结果：工作场所的灯光照明只是影响生产的一种因素，而且是一种不太重要的因素。

② 继电器装备试验——福利试验

梅奥选出6名女工，在单独的房间中从事装配继电器的工作。

在实验过程中，不断地增加福利措施，例如缩短工作日、延长休息时间、免费供应茶点等。研究者原来设想这些福利措施能刺激工人生产的积极性，结果却并非如此。后来他们撤销了这些措施，按预想生产应该下降，但实际情况表明生产不仅没有下降反而继续上升了。

经过深入了解发现，产量上升源于职工积极性的提高，这是由于职工与研究者之间有一种的融洽的人际关系。这说明，调动职工的积极性，人际关系比福利措施更重要。

③ 大规模访谈——访谈实验

为改进管理方式，梅奥等人制定了一个征询职工意见的访谈计划。在1928年9月到1930年5月不到两年的时间内，研究人员与工厂中的2万名左右的职工进行了访谈。

结果发现，工人由于关心自己个人问题而会影响到工作效率。因此，需要对管理人员，特别是要对基层管理人员进行训练，使他们成为能够倾听并理解工人的访谈者，能够重视人的因素，与工人相处时更为热情、更关心他们，这样能够促进人际关系的改善和职工士气的提高。

④ 继电器绕线组的工作室实验——群体实验

实验者为了系统地观察在群体中的工人之间的相互影响，在车间中挑选了14名男职工，其中有9名是绕线工，3名是焊接工，2名是检验工，他们在一个单独的房间内工作，并说明是计件工资制。结果出乎意料，定额为7312个焊点，工人只干6000～6600个。

工人们自动限制产量的理由是：如果他们过分努力地工作，就可能造成其他同伴的失业，或者公司会制定出更高的生产定额来。

分析发现，工人中存在着非正式组织，这种自然形成的非正式组织（群体）职能在于，对内控制其成员的行为，对外保护其成员，使之不受来自管理阶层的干预。

2. 人际关系的主要内容

① 工人是“社会人”，而不是纯粹的“经济人”；

② 企业中除了有正式组织之外，还存在着非正式组织；

③ 生产效率更大程度上取决于员工的工作态度；

④ 采用新型的领导方式。

（二）行为科学理论

1. 马斯洛的需求层次理论

马斯洛的需求层次理论有两个基本论点：

第一，人是有需求的动物，尚未满足的需要能够影响行为。

第二，人的需要都有轻重层次，某一层需要得到满足后，另一个需要才出现。

马斯洛将人的需要划分了五个层次，从低层到高层依次是：

① 生理需要（衣食住行的需要）；

② 安全需要（免受身体和情感伤害的需要，包括当下安全和未来安全）；

③ 社交的需要（友谊、爱情、归属及接纳的需要）；

④ 尊重的需要（包括内部尊重和外部尊重。内部尊重包括自尊、自主和成就感；外部尊重包括地位、认可和关注）；

⑤ 自我实现的需要（成长与发展、发挥自身潜能、实现理想的需要）。

马斯洛将前两种需要称为人的初级需要，将后三种需要称为人的高级需要，并且指出一般人都是从初级需要逐步迈迁至高级需要。人在某一时间段只有一种主导需要。

2. 赫兹伯格的双因素理论

双因素是指保健因素和激励因素。

保健因素是指当某种因素低于一定水平时，会引起职工的不满；当这类因素得到改善时，职工的不满就会消除。但是，保健因素对职工起不到激励的积极作用。保健因素归纳为十项，分别为：企业的政策与行政管理；监督；与上级的关系；与同事的关系；与下级的关系；工资；工作安全；个人生活；工作条件；地位。

激励因素是指这类因素具备时，可以起到明显激励的作用；当这类因素不具备时，也不会造成职工的极大不满。激励因素归纳为六项：工作上的成就感；受到重视；提升；工作本身的性质；个人发展的可能性；责任。

该理论对于企业管理的基本启示是：管理的重心在于激励员工和调动员工工作的积极性。但不能忽视保健因素，保健因素是基础，只有员工在满意的基础上，才能通过激励手段的运用，激发员工的工作热情，使其努力工作。

3. 亚当斯的公平理论

亚当斯的公平理论指出，一个人工作的积极性不仅取决于绝对报酬，更大程度上取决于相对报酬。绝对报酬是指每个月员工拿到手的工资，相对报酬是指个人获得的报酬与劳动付出之间的比值。付出劳动包括体脑力消耗、技术水平高低、工龄长短、工作态度等，获得的报酬包括工资、奖金、晋升、名誉、地位等。相对报酬可以从横向和纵向两个方面比较。横向比较是自己同他人的比较，纵向比较是自己的现在同过去的比较。

4. 麦格雷戈 X－Y 理论

麦格雷戈认为采用什么样的管理方法，取决于管理者对员工是怎么认知的。麦格雷戈的 X－Y 理论将人性假设为两种，因此在不同人性假设下管理者采用的方法不尽相同。

X 理论认为人的本性是坏的，天生好逸恶劳，只要有可能就逃避工作；一般人宁愿听从指挥，不愿担负责任，缺乏雄心抱负；一般人以自我为中心；人们为金钱、福利及处罚的威胁所驱策。接受 X 理论的管理者强调“管”字和“严”字。

Y 理论认为人的本性是好的，并非天生懒惰，不可靠；一般人对组织目标承担义务同报酬相关，在一定激励下能完成任务，承担责任；人在工作中能自我控制，有想象力与创造力。

管理者应对职工信任、教育与启发。接受 Y 理论的管理者认为应满足职工各种需要，创造环境，使人们的智慧、才能充分发挥，更好地实现组织目标和个人目标。

四、现代管理理论阶段

第二次世界大战之后，科学技术日新月异，生产和组织规模急剧增加，管理学研究呈现出空前繁荣并出现了各种不同的流派，著名管理学家孔茨把这一现象描述为管理理论的“丛林”。现代管理理论的流派有很多，接下来主要介绍六种主要流派。

（一）管理过程学派

该学派的创始人是法约尔，主要代表人物是孔茨。该学派的主要观点：

① 管理是一个过程，即让别人同自己去实现既定目标的过程；

② 管理过程由五大职能构成（计划、组织、人员配备、指挥和控制）；

③ 管理职能具有普遍性；

④ 管理应具有灵活性。

（二）经验主义学派

经验主义又称案例学派，以向资本主义大企业的经理提供管理企业的成功经验和科学方法为目标，认为企业管理的科学应该从企业管理实际出发，以大企业的各种成功或失败的案例为主要研究对象，以便加以概括和理论化。很多学者认为，该学派的主张实质上是传授管理学知识的一种方法，称为“案例教学”。其代表人物是彼得·德鲁克。该学派的主要观点：

① 管理是将群体的努力向共同的目标引导和控制，成功的领导者以最少投入取得最大收益。领导主要任务有两个方面：企业内形成“生产统一体”；每项决策或行动都坚持短期利益和长远利益相协调。

② 重视对合理组织机构模式的研究。

③ 提出目标管理，应该将以工作为中心和以人为中心结合起来，将个人目标和组织目标有效结合。

(三) 系统管理学派

系统管理学派代表人物是巴纳德。该学派主张用系统论、控制论、信息论的理论和方法来分析和研究企业与其他组织的管理活动过程。该学派主要观点：

① 组织本身是一个以人为主体的人造系统，它由许多子系统组成。这些子系统包括目标、技术、工作、结构、正式组织、非正式组织、外界因素等。

② 组织是社会大系统中的一个子系统。

③ 管理必须建立在系统的基础上。

(四) 决策理论学派

决策理论学派的代表人物是西蒙。该学派的主要观点：

① 管理就是决策，管理活动的全部过程都是决策的过程；

② 系统阐释了决策原理，包括决策程序、准则、类型、技术等；

③ 强调决策者的作用，认为组织是由作为决策者的个人所组成的系统。

(五) 管理科学学派

管理科学学派代表人物是伯法。该学派认为管理就是用数学模型及其符号来表示计划、组织、控制、决策等合乎逻辑的程序，求出最优解，以达到企业目标。该学派的主要观点：

① 减少个人决策的艺术成分，建立一套决策程序和数学模型来增加决策的科学性；

② 以经济效果作为各种可行方案的评价依据；

③ 广泛使用计算机。

(六) 权变理论学派

权变理论的代表人物是卢桑斯。该学派认为在管理领域，没有一种适合于任何时代任何组织和任何个人的普遍行之有效的管理方法，强调在管理中要根据组织所处的内外部条件随机应变，针对不同的具体条件寻求不同的最合适的管理模式、方案或方法。基本思路：先确定有关的环境条件，然后根据权变关系的理论，求得与之相适应的管理观念与技术，以最有效的管理观点和技术实现管理目标。

$$Y=F(X)$$

X：环境——自变量

Y：观念和技术——因变量

F：权变关系——函数关系

第四节 管理道德与社会责任

一、管理道德概述

(一) 管理道德的含义及类型

管理道德是指判别管理行为是非的规范、原则或惯例。管理者在做出某项决策的过程中，需要认真考虑这项决策是否符合某种道德的规范、可能产生的后果、可能影响的利益群体。管理道德的类型包括以下五种：

1. 功利主义道德观

这种观点认为，能给行为影响所及的大多数人带来最大利益的行为才是善的。这是一种完全根据行为结果即所获得的功利来评价人类行为善恶的道德观。最经典的阐释这种观点的谚语是“不管白猫、黑猫，抓到耗子就是好猫”。

2. 权利至上道德观

这种观点认为，能尊重和保护个人基本权利的行为才是善的。所谓基本权利就是人权，只要是人就应当平等地享有人的基本权利（如生存权、言论自由权、受教育权、医疗保障权、工作权等）。这些权利不是某个权威赐予的而是人与生俱来的。政府法律和各级管理者应当尊重和保护人权。

权利至上的道德观对组织而言，在管理实践中也有消极的一面，因为组织整体利益的需要和个人的权利不可能完全一致。有时为了组织整体利益的需要，个人不得不暂时放弃某些权利，否则组织的纪律、秩序就无法维持。强调个人权利的同时，也要强调尊重他人和组织的权利，否则就会演变为每个人的自私自利、任性放纵的无组织状态。

3. 公平公正道德观

这种观点认为，管理者不能因为种族、肤色、性别、个性、国籍、户籍等因素对部分员工歧视，而那些按照同工同酬的原则和公平公正的标准向员工支付薪酬的行为是善的。

所谓公平公正主要是支付薪酬的依据应当只是员工的技能、经验、绩效或者职责等因素，而不是其他各种似是而非的因素。

4. 社会契约道德观

这种观点认为，只要按照企业所在地区政府和员工都能接受的社会契约进行管理行为就是善的。例如美国公司在中国的雇员，与美国本国的同等技能、同等绩效或同等职责的员工相比，工资待遇差别可能有5～10倍之多，并且中国员工在失业、医疗、休假等方面的保障往往更少。但这些行为通常并不被认为不道德，而被视为正常至少是可以理解和接受的。这种道德观实质上是功利主义道德观的变种，既不符合权利至上的道德观，也不符合公平公正道德观的基本原则，却能大幅度降低企业人力成本，增加企业的利润。

契约论的道德观有很大的局限性。因为契约具有很强的情景特征，在很多场合是相关各方利益博弈的结果，与合理性无关。而且，契约的对象必须严格限制，哲学家已经多次指出，许多东西，比如人格、道德、婚姻家庭是绝对不可以契约的。契约主义的泛滥，会导致严重的经济与社会后果。

5. 推己及人道德观

“己所不欲，勿施于人”成为人人皆知的做人的道理和绝大部分人自觉遵守的行为规则，同时对构成中国现代管理道德具有重要的影响。许多成功的管理者在决定管理行为时，都学会了“换位思考”“将心比心”“设身处地”。他们十分重视对上级的“忠诚”、对下属的“仁爱”、对朋友的“义气”和“诚信”以及各方面关系的“和谐”。在竞争激烈的社会中，推己及人的道德观被误认为是“书生气”或“竞争不力”。

（二）管理道德的影响因素

影响管理者道德行为的因素很多，主要包括以下几个方面：

1. 道德发展阶段

最低层次——前惯例层次：个人只有在其利益受到影响的情况下才会做出道德判断。

中间层次——惯例层次：道德判断的标准是个人是否维持平常的秩序并满足他人的期望。

最高层次——原则层次：个人试图在组织或社会的权威之外建立道德准则。

道德发展阶段分为三个层次，每个层次包括两个阶段。因此，道德发展包括六个阶段。有关道德发展阶段研究表明：人们渐进地通过这六个阶段，而不能跨越；道德发展可能中断，可能停留于任何一个阶段，多数成年人的道德发展处于第四阶段。

2. 个人特性

管理者的个人特性包括个人价值观、自信心、自控力等方面，对组织的管理道德有着直接的影响。

3. 组织结构

组织内部机构和职责分工有没有必要的权力制衡、监察、检查、审计机制，有没有外部群众和舆论监督；组织内部有无明确的规章制度，上级管理行为的示范作用，绩效评估考核体系都会起到指挥棒的作用。

4. 组织文化

组织文化的内容和强度也会影响道德行为。最有可能产生高道德标准的组织文化是那种有较强控制能力及具有承受风险和管理冲突能力的组织文化。处在这种文化中的管理者，具有进取心和创新精神，意识到不道德行为会被发现，敢于对不现实或不合意的需要或期望发起挑战。而在弱组织文化中，管理者可能以亚文化准则作为行为的指南。工作小组和部门标准会对弱文化组织中的道德行为产生重要影响。

5. 问题强度

所谓问题强度，是指该问题如果采取不道德的处理行为可能产生后果的严重程度。道德问题强度会直接影响管理者的决策。行为造成的伤害越大，越多的人认为行为是邪恶的，行为发生并造成实际伤害的可能性越高，行为的后果越早出现，观察者感到行为的受害者与自己离得越近，行为的后果越集中，道德问题的强度就越大。道德问题越重要，管理者越可能采取道德行为。

（三）改善企业道德行为的途径

改善企业道德管理行为可以从以下几个方面入手：

① 挑选高道德素质的员工；

② 建立道德守则和决策规则；

③ 管理者在道德方面领导员工；

④ 设定工作目标；

⑤ 对员工进行道德教育；

⑥ 对绩效进行全面评价；

⑦ 进行独立的社会审计；

⑧ 提供正式的保护机制。

二、社会责任概述

（一）社会责任的含义

社会责任是指企业追求有利于社会的长远目标的一种义务，它超越了法律和经济所要求的义务。这种义务高于它们对业主或者股东应尽的经济义务，也高于法律或者合同规定的义务。

（二）社会责任的表现形式

1. 办好企业，把企业做强、做大、做久

努力增强企业的竞争力，不断创新，向社会提供更好、更新、更多的产品和服务，使人民的物质和文化生活更美好。同时也为社会提供更多更好的就业机会，并使职工随着本企业的成长而得到全面的提高。

2. 企业一切经营管理行为应符合道德规范

企业的一切经营管理行为，包括企业内部管理、产品设计、制造、质量保证、广告用语、营销手段、售后服务等，都应符合道德规范，因为所有这一切对社会产生善或恶的影响，尤其是不合格的产品可能对社会造成极其巨大的伤害。

3. 社区福利投资

对企业所在社区或其他特定社区的建设进行福利投资，包括医院、学校、幼儿园、养老院、住宅、公共娱乐设施、商业中心、图书馆等有关社区人民福利的一切设施的投资，均不应以赚取商业利益为目的，因为社区为本企业发展已经作出了太多牺牲和贡献。

4. 社会慈善事业

对社会教育、医疗公共卫生、疾病防治、福利设施以及对由于特殊天灾人祸所引起的一切需要帮助的人，企业应该根据自身优势适当定位，及时伸出援助之手，尽到应尽的社会责任。尤其对那些突发性的社会灾难事件，例如地震、海啸、飓风等造成的巨大灾难，企业应该给予特别的关注并争取在第一时间作出快速而适当的反应。但不必相互攀比作秀，应当实事求是，量力而行。

5. 自觉保护自然环境

企业应主动节约能源和降低其他不可再生资源的消耗，尽可能减少企业活动对生态的破坏。积极参与节能产品的研究开发，参与对地球荒漠化和地球变暖所引发的各种灾害的研究和治理。

复习思考题

1. 管理的含义是什么？如何理解管理的二重性？
2. 管理的基本职能包括哪些，各职能间的关系如何理解？
3. 管理系统的构成部分包括哪些？
4. 简述古典管理理论。
5. 简述行为科学理论。
6. 简述现代管理理论的主要六大派系的主要内容。

7. 管理道德的影响因素包括哪些?

8. 企业社会责任的表现形式包括哪些?

拓展实训一

谁来承担损失

田野是某大学的一位大学生，为了准备全国英语六级考试，在A书城购买了一本历年全国英语六级考试全真试题，没想到等到准备做试题时，却发现该书缺页达40页之多。无奈，他只好找出购书时电脑打印的列有所购书名的付款小票，准备去调换一本。到了书城，田野直接到总服务台说明了情况，营业员甲接过书和付款小票看了看，说:“没问题，可以调换。请您直接去5层找营业员调换。”随即，田野来到5层，找到相应专柜的营业员乙，营业员乙马上在书架上找，结果却发现该书一本都不剩了，于是对田野说:“这本书已卖完了，不知仓库里有没有，你去找总台问。”此时，田野显得有些不耐烦了，问营业员乙为什么不能帮助顾客联系解决，而要顾客楼上楼下来回跑。营业员乙一边抱怨一边打电话给总台说:“书架上已没有该书，请你们处理吧。”田野一脸的无奈，只好再次跑下楼去找总台。没想到总台营业员甲查完电脑记录后告知田野，该书已脱销了，现在厂家也没有此书了。田野十分生气，本来只想调换一本，结果自己楼上楼下跑，跑来的结果却是一本不剩，他要求退书。可是，营业员甲说:“退书必须在购书7日之内，您所购书是8天前买的，我们不能给您退。”田野此时已气愤至极，买了一本缺40余页的书本来已经够恼火的了，专门来调换却没有书可换。于是，他找到书城负责人理论说:“我从你们书城买的书缺了40多页，我是来换书的，并不想来退书，可现在因为你们该书脱销不能给我换书我才退书的。”书城负责人不无遗憾地说:“这是单位规定，超过7天不予退，只能换。”田野据理力争:“如果因为我个人的原因在7天之后要求退书，你们可以不退。但现在不是我的原因，而是你们该书脱销，而卖给我的书又少了40多页，你们没有理由不给退。”书城负责人说:“不是我们不给你换，是没有书可换，我也没有办法，超过7天我们不予退书，要退，你找出版厂商去。”此时，围观的人越来越多，人们纷纷谴责书城负责人的做法。

思考题:

1. 在案例这一事件中，对于该书城“超过7天不予退，只能换”的规定，书城营业员、负责人始终坚持遵照执行，他们的做法有错吗?为什么?

2. 如果你是该书城负责人，对田野的退书要求，你认为应该怎样处理?

拓展实训二

忙碌的王厂长

王厂长是光明食品公司江南分厂的厂长。早晨7点，当王厂长驱车上班时，他的心情特别好，因为最近的生产率报告表明，由于他的精心经营，他管辖的江南分厂超过了公司其他两个分厂，成为公司人均劳动生产率最高的分厂。昨天，王厂长在与其上司的通话中得知，他的半年绩效奖金比去年整整翻了两倍!

王厂长决定今天要把手头的许多工作清理一下，像往常一样，他总是尽量做到当日事当日毕。除了下午3点30分有一个会议外，今天的其他时间都是空着的，因此，他可以解决许多重要的问题。他打算仔细审阅最近的审计报告并签署他的意见，并仔细检查工厂TQM计划的进展情况。他还打算计划下一年度的资本设备预算，离申报截止日期只有10天时间了，他一直抽不出时间来做这件事。王厂长还有许多重要的事项记在他的“待办”日程表上：他要与副厂长讨论几个员工的投诉；写一份10分钟的演讲稿，准备在后天应邀的商务会议上致辞；审查他的助手草拟的贯彻食品行业安全健康的情况报告。

王厂长到达工厂的时间是7点15分，还在走廊上，就被会计小赵给拦住了。王厂长的第一个反应是：她这么早在这里干什么？小赵告诉他负责工资表制作的小张昨天没有将工资表交上来，昨天晚上她等到9点，也没有拿到工资表，今天实在没办法按时向总部上报这个月的工资表了。王厂长做了记录，打算与工厂的总会计师交换一下意见，并将情况报告他的上司——公司副总裁。王厂长总是随时向上司报告任何问题，他从不想让自己的上司对发生的事情感到突然。

最后，王厂长来到办公室里，打开计算机，查看了有关信息，他发现只有一项需要立即处理。他的助手已经草拟了下一年度工厂全部管理者和专业人员的假期时间表，它必须经王厂长审阅和批准。处理这件事只需10分钟，但实际上占用了他20分钟的时间。接下来要办的事是资本设备预算。王厂长在他的电脑工作表程序上开始计算工厂需要什么设备以及每项的成本是多少。这项工作刚进行了1/3，王厂长便接到工厂副厂长打来的电话，说在夜班期间，3台主要的输送机有一台坏了，维修工要修好它得花费5万元，这些钱没有列入支出预算，而要更换这个系统大约要花费12万元。王厂长知道，他已经用完了本年度的资本预算，于是他在10点安排了一个会议，与工厂副厂长和总会计师研究这个问题。

王厂长又回到他的工作表程序上，这时工厂运输主任突然闯入他的办公室，他在铁路货车调度计划方面遇到了困难，经过20分钟的讨论，2个人找到了解决办法。王厂长把这件事记下来，要找公司的运输部长谈一次，好好向他反映一下工厂的铁路货运问题，并询问什么时候公司的铁路合同到期及重新招标。

看来打断王厂长今天日程的事情还没有完，他又接到公司总部负责法律事务的职员打来的电话，他们需要数据来为公司的一桩诉讼辩护，因为原江南分厂的一位员工由于债务问题向法院起诉公司。王厂长把电话转接给人力资源部。这时，王厂长的秘书又送来一大沓信件要他签署。突然，王厂长发现10点到了，总会计师和副厂长已经在他办公室外面等候。3个人一起审查了输送机的问题并草拟了几个选择方案，准备将它们提交到下午举行的例行会议上讨论。现在是11点5分，王厂长刚回到他的资本预算编制程序上，又接到公司人力资源部部长打来的电话，对方花了半小时向他说明公司对即将与工商所举行的谈判策略，并征求他特别是与江南分厂有关问题的意见。挂上电话后，王厂长下楼去人力资源部部长办公室，他们就这次谈判的策略交换了意见。王厂长的秘书提醒他与地区另一家公司的领导约定共进午餐的时间已经过了，王厂长赶紧开车前往约定地点，好在不过迟到了10分钟。

下午1点45分，王厂长返回他的办公室，工厂工长已经在那里等着他。2个人仔细检查了工厂布置的调整方案以及周边环境的绿化等工作要求。会议的时间持续得较长，因为中间被3个电话打断。到3点35分时，王厂长和工厂副厂长穿过大厅来到会议厅。例行会议通常只需要1个小时，不过讨论工人工资和利益分配以及输送系统问题的时间拖得很长。这次会议持续了3个多小时，当王厂长回到他的办公室时，已经精疲力竭了。12个小时以前，他还焦急地盼望着一个富有成效的工作日，现在一天过去了，王厂长不明白："我完成了哪件事?"当然，他知道他干完了一些事，但是本来有更多的事他想要完成的。是不是今天有点特殊？王厂长承认不是的，每天开始时他都有着良好的打算，而回家时却不免感到有些沮丧。他整日就像置身于琐事的洪流中，中间被经常性地打断。他是不是没有做好每天的计划？他说不准。他有意使每天的日程不要排得过紧，以使他能够与人们交流，使得人们需要他时，他能抽得出时间来。但是，他不明白是不是所有管理者的工作都经常被打断和忙于救火，他能有时间用于计划和防止意外事件发生吗？

思考题：

1. 王厂长在该分厂属于(　　)。

A. 基层管理人员　　B. 中层管理人员

C. 高层管理人员　　D. 专业管理人员

2. 王厂长应该履行的主要职责是(　　)。(多选)

A. 贯彻执行分厂的重大决策，并监督和协调基层管理者的工作

B. 负责制定组织的大政方针，沟通组织与外界的交往联系等

C. 抓部下解决不了或无力解决的重大问题、部门间的协调等

D. 直接指挥和监督操作者，保证上级下达的各项计划和任务的完成

3. 根据卡特兹的三大技能，在本案例中，对于王厂长来说，(　　)更重要。

A. 概念技能比技术技能　　B. 技术技能比概念技能

C. 技术技能比人际技能　　D. 人际技能比概念技能

4. 根据明茨伯格的管理者角色理论，王厂长打算计划下一年度的资本设备预算时所扮演的管理者角色是(　　)。

A. 挂名首脑　　B. 谈判者　　C. 领导者　　D. 资源分配者

5. 王厂长疲于奔命，忙碌了一天，效果却不尽如人意，对其工作最恰当的评价是(　　)。

A. 重效率、轻效果　　B. 轻效率、重效果

C. 重效率、重效果　　D. 轻效率、轻效果

6. 对于案例中王厂长总是随时向上司报告任何问题的做法，你认为最合理的评价是(　　)。

A. 充分体现了下级对上级高度负责的态度

B. 公司在组织运行中较好地贯彻了统一指挥原则

C. 体现了总公司与分厂间的有效沟通

D. 没有很好地把握权责一致的原则

第二章 计 划

学习目标

掌握计划工作的定义、计划工作的类型、计划工作的原理、计划工作的程序、计划工作的方法、目标管理的基本过程；理解计划工作的性质、目标管理的优缺点、战略管理的特征；了解战略管理的特征和类型。

引导案例

艾维利的方法

很久以前，美国伯利恒钢铁公司总裁查理斯·舒瓦普曾为如何执行计划而烦恼。于是，他向效率专家艾维利请教这样一个问题："对于企业家而言，如何更好地执行计划?"艾维利声称他可以在10分钟内就给舒瓦普一个方法，这个方法能将公司的业绩提高50%。他递给舒瓦普一张空白纸，对他说道："请在这张纸上写下你明天要做的6件最重要的事。"舒瓦普用了5分钟写完后，艾维利接着说："现在请按照每件事情对于你公司利润增长的重要程度，用数字进行排序。"舒瓦普又花了5分钟写好后，艾维利对他说："好了，请你把这张纸装进口袋，明早第一件事情就是把纸条打开看，做第一件最重要的事情。不要看别的，只做第一件。然后一件件地做，直至6件事全部完成为止。"舒瓦普点了点头："这个方法听起来很好。你收我多少钱?"艾维利答道："不急，你先回去试验一下，你发现它能够多大程度上提高企业的生产效率，就按此给个价吧。"一个月之后，艾维利收到舒瓦普寄来的一张2.5万美元的支票，还有一封信。信上说："这是我一生中最有价值的一节课。"5年后，伯利恒钢铁公司成为当时世界上最大的独立钢铁厂。

问题：效率专家艾维利的方法说明了什么?

第一节 计划概述

一、计划工作的含义

计划是组织管理的首要职能，它是对组织未来的各项工作进行事先的设计或谋划的一项管理活动，具体地说，它是通过对组织环境的分析，将组织目标和行动方案的决策结果进一步形成达到这些目标的总体战略，并建立起一套综合的、可执行的计划体系来整合和协调行动，以便于将实现组织目标的具体任务和要求，在时间上和空间上落实到组织的各个部门、各个环节和每个成员。其目的是要解决组织目标和资源之间的关系是否匹配的问题。

计划可以从广义上界定，包括制定计划、执行计划和检查计划；狭义的计划是指制定计划。本书是从狭义的角度来理解计划工作的含义的，认为计划工作就是指通过科学的预测，根据内外部环境，提出在未来一定时期内要达到的目标以及实现目标的途径。

二、计划工作的内容

计划工作的内容概括起来是“5W”和“2H”。

Why——为什么做：要明确设立目标任务的必要性，并论证实现目标任务的可行性。

What——做什么：要明确计划的目标任务和要求，明确每一个时期的中心任务和工作重点。

When——何时做：选定计划实施的时机以及规定计划中各项工作的开始和完成的进度，以便进行有效的控制和对能力资源进行平衡。

Where——何地做：规定计划实施地点或场所，了解计划实施的环境条件和限制，以便合理安排计划实施的空间组织和布局。

Who——谁去做：计划不仅要明确规定目标任务、地点和进度，还应规定由哪个主管部门负责。

How——如何做：制定实施计划的措施以及相应的政策和规则，对各种派生计划进行综合平衡等。

How much——花费多少：计划的制定与执行都需要耗费资源，完成任务实现目标财务预算多少需明确。

三、计划工作的性质

计划工作的性质可以概括为五个方面：

（一）目的性

目的性是计划的起点，同时也是计划的归宿点。具体来说计划工作首先要确立目标，然后制定具体实现目标的方案，进而实施计划，最后实现目标。计划是为实现组织的目标服务的，计划把决策工作在时间和空间两个维度上进一步地展开和细化。在时间维度上，计划把决策所确立的组织目标及其行动方式分解为不同时间段的目标及行动安排；在空间维度上，计划把决策所确立的目标及其行动方案分解为不同层次、不同部门、不同成员的目标及其行动方案。

（二）首位性

计划工作是管理的首要职能，管理的其他职能都是在计划职能的基础上展开的，以计划为依据展开活动，以计划目标为标准进行考核。计划工作具有首位性的原因，还在于计划工作影响和贯穿于组织工作、人员配备、指导和领导工作与控制工作中。

（三）普遍性

计划工作的普遍性表现在两个方面，一是组织的任何活动都需要计划，由于资源的有限性，人们在从事各种活动时，都需要事先进行计划，才能有效地利用资源；二是组织中各级管理人员都需要计划，所不同的是高层管理者负责制定战略计划，而中基层管理者负责制定作业计划。

（四）效率性

计划工作要强调效率，需要找到合理利用资源的方案。计划的效率是以实现组织总目标和一定时期的目标所得到的利益，扣除为制定和执行计划所需要的费用和其他预计不到的损失之后的总额来测定的。一个计划即使能够达到目标，但在计划的实现过程中付出了较高的代价或者是不必要的代价，那么这个计划的效率就是很低的。如果计划按合理的代价实现目标，这样的计划就是有效率的。在衡量代价时，不仅要考虑时间、资金成本，还需要兼顾个人和集体满意的程度。

（五）创造性

计划工作需要管理者针对组织面临的新环境来发现和解决问题，而对出现的新变化和新机会，管理人员要敢于打破旧观念的束缚，及时提出适应本组织特点的一些新思路、新观点和新方法，使计划更加符合客观实际。

四、计划工作的类型

（一）按时间长短划分：短期计划和长期计划

长期计划：描述了组织在较长时期（通常为 5 年以上）的发展方向和方针。

短期计划：具体地规定了组织的各个部门在目前到未来的各个较短的阶段（通常 1 年内）应该从事何种活动和应达到的要求。

（二）按职能空间可以划分：业务计划、财务计划和人事计划

业务计划：组织的主要计划包括产品开发、物资采购、仓储后勤、生产作业以及销售促进等。

财务计划：研究如何从资本的提供和利用上促进业务活动的有效进行。

人事计划：分析如何为业务规模的维持或扩大提供人力资源的保证。

（三）按综合性程度划分：战略性计划和战术性计划

战略性计划：指应用于整体组织的，为组织未来较长时期（通常为 5 年以上）设立总体目标和寻求组织在环境中的地位的计划。

战术性计划：指规定总体目标如何实现的细节的计划，其需要解决的是组织的具体部门或职能在未来各个较短时期内的行动方案。

（四）按明确程度划分：具体性计划和指导性计划

具体性计划：具有明确的目标。

指导性计划：只规定某些一般的方针和行动原则，给予行动者较大的自由处置权。

五、计划的表现形式

哈罗德·孔茨和海因·韦里克从抽象到具体把计划分为一种层次体系，如图 2-1 所示。

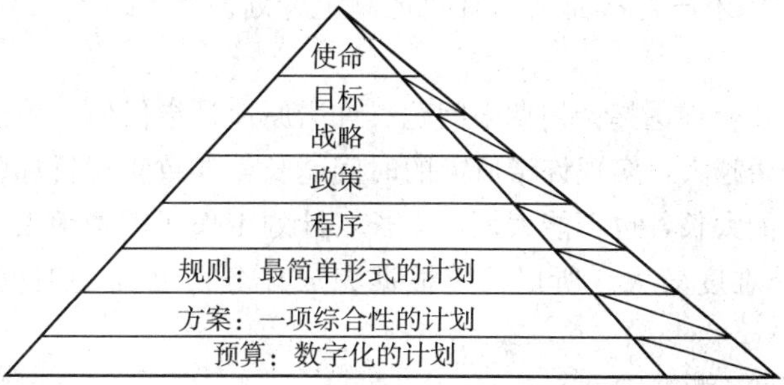

图 2-1　计划的层次体系图

使命：一个组织的使命可以看作是一个组织的最基本的目标。它指明一定的组织机构在社会上应起的作用、所处的地位。它决定组织的性质，是决定此组织区别于彼组织的标志。

目标：组织的使命往往太抽象，它需要进一步具体化。组织的目标包括了组织在一定时期内的目标以及组织各个部门的具体目标等两个方面的内容。确定目标本身也是计划工作，其方法与制定其他形式的计划类似。

战略：战略是为了达到组织总目标而采取的行动和利用资源的总计划。战略就是为实现组织长远目标所选择的发展方向、所确定的行动方针以及各类资源分配方案的总纲。

政策：政策作为计划，有助于将一些问题的解决事先确定下来，避免重复分析，从而使各级主管人员在决策时有明确的思考范围，同时也有利于统一和协调组织成员之间的思想和行动。

程序：程序是制定处理未来活动的一种必需方法的计划。程序规定了解决某些经常发生的问题的标准、方法，是一种经过优化的计划。程序是指导如何采取行动，而不是指导如何去思考问题。

规则：规则是一种较为简单的计划，它是对具体场合和具体情况下，允许或不允许采取某种行动的规定，即确定了在各种情况下什么是必须做的，什么是不必做的。

方案（或规划）：方案是组织比较全面的长远的发展计划，是综合性的、纲要性的计划，包括目标、政策、程序、规则、任务分配、要采取的步骤、使用的资源以及为完成既定行动方针所需的其他因素。

预算：以数字来表示预期结果的报表，可以称为“数字化”的计划。预算是文字计划实现的支持和保证，没有必要的资金和预算支持，计划是无法实现的。

六、计划工作的原理

计划工作作为一种基本的管理职能活动，有自己固有的规律、运行的原理。计划工作的主要原理主要包括以下几个方面：

（一）限定因素原理

限定因素指妨碍实现组织目标的因素。

原理：在计划工作中越是能够了解对实现目标起限制性作用的因素，就越能准确有效地制定行动方案。该原理有时被形象地称为“木桶原理”。木桶能盛多少水，是由最短的木板条所决定的。该原理就要求主管人员在制定计划时，应尽力找出影响目标实现的主要限定因素，即要抓主要矛盾，从而准确有效地制定计划。

（二）许诺原理

许诺原理主要涉及合理选择计划期限问题。许诺原理是指任何一项计划都是对完成某项工作所做的许诺，许诺越大，实现许诺所需的时间越长，导致实现目标的可能性越小。一般而言，计划期限既不能太长，也不能太短。太长，计划工作所需费用太多；太短，难以应付情况的变化，实现的难度较大。所以，应根据完成任务所必需的时间，合理地确定计划期限。

（三）灵活性原理（弹性原理）

灵活性原理指计划具有的灵活性越大，发生意外引起的危险性就越小。该原理仅是说制定计划应具有灵活性，在执行计划时，不能有灵活性。灵活性并非万能，有一定的限制条件：①不能为了灵活性而推延决策时间；②获得灵活性就要付出代价，有得有失；③有些计划不能具有灵活性。

（四）改变航道原理

由于未来情况的不确定性、变化性，我们的计划有时仍难以赶上变化，这就要求我们定期检查计划，根据情况的变化调整计划。改变航道原理是指为了保证达到计划的总目标，主管人员应定期检查现状、预测前景，并根据实际情况调整、修订计划。它与灵活性原理不同，灵活性原理是使计划本身具有适应性，而改变航道原理是执行计划过程时具有应变能力。

七、计划工作的编制过程

（一）确定目标

目标为组织整体、各部门和各成员指明了方向，描绘了组织未来的状况，并且作为可以衡量实际绩效的标准。

（二）认清现在

认清现在的目的在于寻求合理有效的通向成功的路径，也即实现目标的途径。认清现在不仅需要有开放的精神，还要有动态的精神。

（三）研究过去

不仅要从过去发生过的事件中得到启示和借鉴，更重要的是探讨过去通向现在的一些规律。常采用演绎法、归纳法获取规律。

（四）预测并有效地确定计划的重要前提条件

前提条件是关于要实现计划的环境的假设条件，是行动过程中的可能情况，限于那些对计划来说是关键性的，或具有重要意义的假设条件。一般而言对前提条件认识越清楚、越深刻，计划工作就越有效，而且组织成员越彻底地理解和同意使用一致的计划前提条件，企业计划工作就越协调。

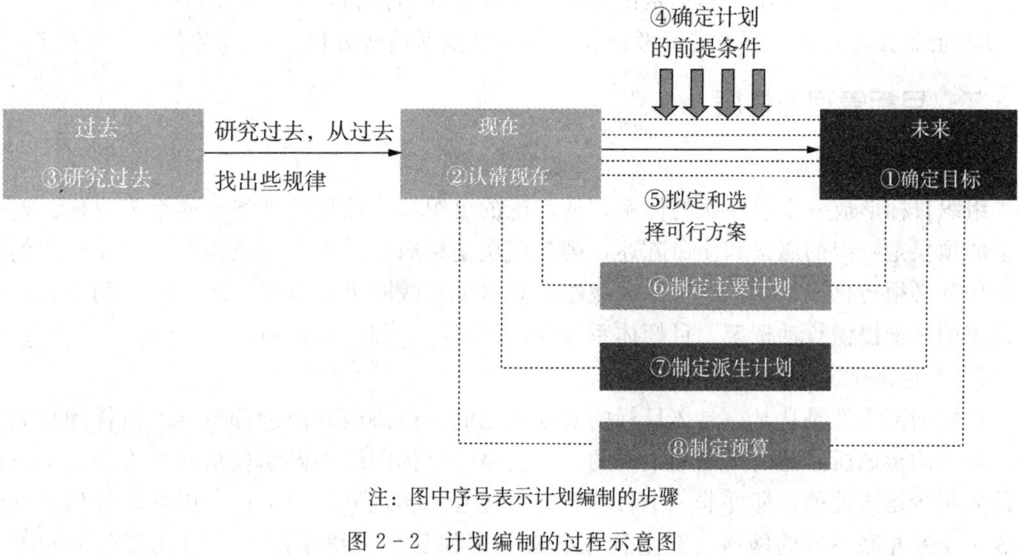

注：图中序号表示计划编制的步骤

图 2-2 计划编制的过程示意图

（五）拟定和选择可行性行动计划

拟定可行性行动计划——拟定尽可能多的计划、评估计划、选定计划。

（六）制定主要计划

将所选择的计划用文字形式正式地表达出来，作为一项管理文件，清楚地确定和描述“5W”和“2H”的内容。

（七）制定派生计划

如业务计划派生的生产计划、销售计划、广告计划等。

（八）制定预算，用预算使计划数字化

一方面是为了使计划的指标体系更加明确；另一方面是企业更易于对计划的执行进行控制。

第二节 目标管理

一、目标管理的基本思想

目标管理由美国管理学家彼得·德鲁克于1954年提出的，其基本思想包括以下五个方面：

① 企业的任务必须转化为目标，企业管理人员要通过这些目标对下级进行领导，并以此来保证企业总目标的实现；

② 目标管理是一种程序，是一个组织中的上下各级管理人员统一起来制定共同的目标，确定彼此的责任，并将此项责任作为指导业务和衡量各自贡献的准则；

③ 每个企业管理人员或工人的分目标就是企业总目标对他的要求，同时也是这个企业管理人员或工人对企业总目标的贡献；

④ 管理人员和工人是依据设定的目标进行自我管理，他们以所要达到的目标为依据，进行自我指挥、自我控制，而不是由他的上级来指挥和控制；

⑤ 企业管理人员对下级进行考核和奖惩也是依据这些分目标。

二、目标管理的性质

（一）目标的层次性

组织目标形成一个有层次的体系，从广泛的组织战略性目标到特定的个人目标。这个体系的顶层是组织的愿景和使命陈述，第二层次是组织的任务，在任何情况下，组织的使命和任务必须转化成组织的总目标和战略，总目标和战略更多地指向组织较远的未来，并为组织的未来提供行动框架。目标体系分为组织目标、部门目标和个人目标。

（二）目标的网络性

目标的网络性是从某一具体目标的实施规划的整体协调方面进行考察。目标和计划方案，通常均形成所希望的结果和结局的一种网络。目标网络的内涵包括四个方面：①目标和计划很少是线性的，即并非一个目标实现后接着去实现另一个目标，因此，目标和规划形成一个互相联系着的网络。②主管人员必须确保目标网络中的每个组成部分要相互协调。不仅各种规划的执行要协调，而且完成这些规划在时间上也要协调。③组织中各个部门在制定自己部门的目标时，必须要与其他部门相协调。④组织制定各种目标时，必须要与许多约束因素相协调。

（三）目标的多样性

组织的任务和主要目标通常是多样的，同时在目标层次体系中的每个层次的具体目标也可能是多种多样的。但目标的数量应该适当，同时在追求多个目标时，必须对各目标的相对重要性进行排序和区分。

（四）目标的可考核性

目标的可考核性就是要将目标量化。目标定量化可能会损失组织运行的一些效率，但对组织活动的控制、成员的奖惩会带来很多方便。

（五）目标的可接受性

按照弗鲁姆的期望理论，一个人工作的积极性是效价和期望值的乘积。其中期望值是人们对自己能够顺利完成这项工作可能性的估计，即对工作目标能够实现的概率的估计，因此上级给下属制定目标时要是下属可以接受的、可以完成的。对一个目标接受者来说，如果目标超过其能力所及的范围，则该目标对其是没有激励作用的。

（六）目标的挑战性

目标的挑战性是指目标的完成是需要员工积极努力、争取才能实现的，就是教育学中的一种原则叫“跳一跳，摘桃子”。

（七）伴随信息反馈性

信息反馈是把目标管理过程中的目标的设置、目标的实施情况不断地反馈给目标设置和实施的参与者，让他们时时知道组织对自己的要求及自己的贡献情况。（以上关系如图2-3所示）

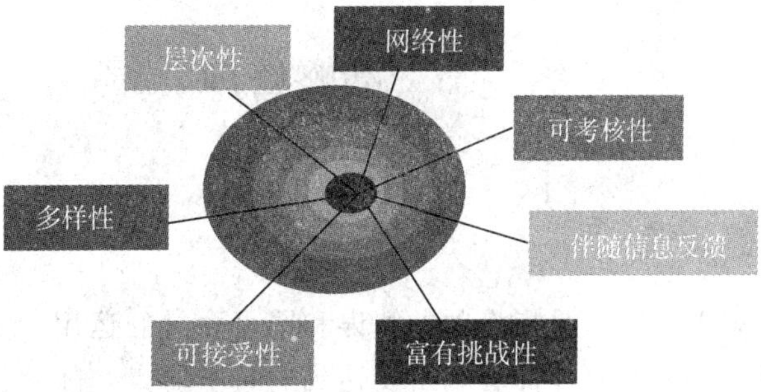

图2-3 目标管理的性质

三、目标管理的基本过程

孔茨认为，目标管理是一个全面的管理系统，它用系统的方法把许多关键管理活动结合起来，并且有意识地瞄准，有效地和高效率地实现组织目标和个人目标。目标管理的过程包括如下步骤：

① 制定目标；

② 目标的分解；

③ 目标的执行；

④ 评价成果；

⑤ 实施奖惩；

⑥ 制定新的目标并开始下一轮目标管理。

四、目标管理的优缺点

虽然目标管理作为当前应用比较广泛的管理方法之一，但它的效果还是存在一定的问题，为了进一步认识目标管理的必要性、扬长避短，接下来我们了解一下目标管理的优缺点。

（一）目标管理的优点

① 形成激励：通过对组织目标的分解，形成目标体系，将组织目标和个人目标进行了有效结合；

② 有效管理：目标体系的形成，让组织中每个成员的行动都要和组织目标实现紧密挂钩，目标执行的倒推机制能够确保组织目标的实现；

③ 明确任务：组织中每个部门和每个成员都有明确的任务目标需要完成；

④ 自我管理：目标制定后，目标需要依靠组织成员自我约束、自我管理才能实现；

⑤ 控制有效：每个成员最后的奖惩都以组织目标完成的情况作为依据，组织成员为了奖励或者避免惩罚，必须完成事先约定好的目标。

（二）目标管理的缺点

① 强调短期目标易诱发短期行为；

② 目标设置困难；

③ 缺乏灵活性；

④ 忽视对目标实施手段的控制。

第三节　战略管理

一、战略与战略管理

战略一词来源于军事术语，是指将帅的智谋和军事力量的运用，它解决在一定时期内战略攻击的主要方向、兵力的总体部署和所要达到的基本愿景。随着社会经济的发展，战略一词逐渐扩展到政治、经济、科技等诸多领域。管理学家巴纳德在其代表作《经理的职能》中，最早把战略思想引入企业管理领域，但直到1965年美国管理学家H. 依戈尔·安索夫的《企业战略》一书问世后，企业战略一词才被广泛使用。

从企业管理的角度界定战略的含义，不同的学者给出了不同的定义：

① 战略是一个企业的目标和达成目标的手段。

② 战略是差异化的选择。

③ 战略是对影响绩效最重要因素的认定和改进。

④ 战略是内部能力的认定并用能力决定方向和手段的决策。

安索夫在他的著作中，将战略管理定义为：将企业的日常业务决策同长期的计划决策相结合而形成的一系列经营管理业务。乔治·斯坦纳在1982年出版的企业政策与战略中认为：企业战略管理是确定企业使命，根据企业外部环境和内部经营要素确定企业目标，保证目标的正确落实并使企业使命最终得以实现的动态过程。结合以上观点，本书将战略定义为：企业根据外部市场状况，结合自身资源情况，设立远景目标，并对实现目标的手段和方法进行的总体性和指导性谋划。

二、战略管理的过程

战略管理过程包括四个步骤：战略分析—战略选择—战略实施—战略评价。

（一）战略分析

战略分析的主要任务是选择企业应当进入的市场，分析这些市场的结构特征和潜在需求以及竞争对手的优劣势。主要分析方法包括市场细分、行业组织分析和竞争对手分析。

1. 市场细分

市场细分，是指根据构成总体市场的不同顾客的需求特点、购买行为和购买习惯，将他们细分为若干相类似的顾客群体。在此基础上，根据企业的优势，确定目标市场，为制定战略提供依据。

2. 行业组织分析

行业组织分析是指采用行业经济的方法，对企业所处的行业或打算进入的行业集中度、行业内产品的差别以及行业壁垒等问题进行分析。

3. 竞争对手分析

竞争对手分析包括四个方面：

① 竞争对手的长期目标和战略分析：分析竞争对手的增长目标、产品结构、主要市场分布、市场地位和组织结构，以便从中掌握竞争对手的自我估价、战略方向、市场布局、竞争地位等；

② 技术经济实力和能力分析：分析竞争对手的产品质量、新产品和技术储备、设备先进程度、技术人员的素质和数量、销售队伍的素质和经验、销售组织与售后服务网等；

③ 经营状况和财务状况分析：分析竞争对手的收益性、资金周转率、经营安全性、偿付能力、折旧率等；

④ 领导者和管理者背景分析：分析竞争对手最高主管人员的素质和能力，管理阶层的素质和能力以及管理方式和竞争手段等。

（二）战略选择

战略选择是指要确定企业应采取的战略类型。企业常采用的战略类型包括以下三种：

1. 总成本领先战略

总成本领先战略是指以低成本取得行业中的领先地位。通过建立大规模的高效生产设施，利用经验曲线降低成本，尽量压缩各项管理费用。以单位产品成本低于竞争对手建立起行业壁垒，有利于企业采取灵活的定价策略，将竞争对手排挤出市场。为了成功地实施成本领先战略，所选择的市场必须对某类产品有稳定、持久和大量的需求，产品设计要便于制造和生产，需要广泛推行标准化、通用化和系列化。

2. 差别化战略

差别化战略是指使企业在行业中别具一格，具有独特性，并且利用差异化特点，建立起差别竞争优势，以形成对“入侵者”的行业壁垒，并利用差别化带来的较高的边际利润补偿因追求差别化而增加的成本。

3. 聚焦化战略

这类战略是主攻某个特殊的细分市场或某一种特殊的产品，集中化战略的主要类型有产品集中化、地域集中化与顾客集中化。

聚焦化战略实施条件是购买者群体在需求上存在着差异；没有其他竞争对手试图对相同的目标采取重点集中战略；目标市场具有一定的吸引力；本企业资源有限，无法追求更大的目标市场；整个行业有很多细分市场。

（三）战略实施

企业战略方案一经选定，管理者的工作重心就要转到战略实施上来。战略实施是贯彻执行既定战略规划所必需的各项活动的总称。其主要涉及的问题包括：如何在企业内部各部门和各层次间分配及使用现有的资源；为了实现企业目标，还需要获得哪些外部资源以及如何使用；为实现既定战略目标，需要对组织结构做哪些调整；如何处理可能出现的利益再分配与企业文化的适应问题；如何进行企业文化管理，以保证企业战略的成功实施等。

（四）战略评价

战略评价就是通过评价企业的经营业绩，审视战略的科学性和有效性。在战略评价的基础上，根据内外环境的变化及时进行战略调整，以保证战略对企业经营管理进行指导的有效性。

复习思考题

1. 简述计划的含义及内容。
2. 简述计划工作的四大基本原理。
3. 简述计划工作的表现形式。
4. 简述计划工作的编制过程。
5. 简述目标管理的基本过程。
6. 简述目标管理的优缺点。
7. 简述战略管理的过程。

拓展实训一

福特 Focus

福特公司目前已经建立了新世纪的全球发展战略规划。根据该战略规划，福特汽车公司推向市场的第一个产品是福特 Focus，这是一款四缸节油型中型房车。福特公司开发 Focus 是为了取代已具有 30 年历史并销售了 2000 万辆的 Escort。

福特 Focus 的目标是在世界市场上使该车型成为销售量的领先者，成为世界性的汽车。目前，Focus 在欧洲和世界其他地方的销售非常理想。事实上，在 2000 年，福特在全球大约销售了 100 万辆 Focus。由这种销售量所带来的规模经济使福特公司可以以非常低的价格销售福特 Focus。福特 Focus 在 2001 年获得了《车与驾驶员》杂志第 19 届“十佳房车”评选大奖。高级舒适的座椅、宽敞的内部空间、漂亮的抛光漆，使得福特 Focus 在市场中非常具有吸引力。

福特 Focus 是在四个不同的国家中进行生产和组装的，这四个生产地点是德国的萨尔路易斯、墨西哥的埃米希洛、西班牙的瓦伦西亚和美国的密歇根的韦恩市。福特计划每年生产超过 100 万辆 Focus，并在全球 100 多个国家销售。其设计与以前的车型是完全不同的。在设计过程中，福特公司所采用的关键战略是开发一种全球化平台，汽车 85%的外壳金属设计仍然保留着全球标准化，但 15%则根据当地消费者需要和口味进行调整，使 Focus 的风格与外形经过调整与修改后，适应当地市场的特殊需要与特征。其他的关键性设计特征是使用智能型空间。这种设计的一个主要目的是为驾驶员提供更多的空间，福特公司认为，Focus 车型的设计是从内部开始的，其结果是福特 Focus 比其他中型房车提供了更多的内部空间。

思考题：

1. 谈谈福特的 Focus 战略是怎样体现“全球思考，地区行动”的。

2. 福特保持其汽车产品 85%的统一标准的好处是什么？如果福特保持 100%的统一标准，为什么会降低战略的有效性？

3. 联系本案例谈谈战略性计划与战术性计划的不同。

拓展实训二

这家酒业公司怎么了

不久前，为最大限度节约成本，增加利润，金帝酒业公司决定在整个公司内实施目标管理，根据目标实施和完成情况，一年进行一次绩效评估。

事实上，他们在此之前为销售部门制定奖金系统时已经用了这种方法。公司通过对比实际销售额与目标销售额，支付给销售人员相应的奖金。这样销售人员的实际薪资就包括基本工资和一定比例的个人销售奖金两部分。

销售大幅度提上去了，却苦了生产部门，他们很难及时完成交货计划。因此，销售部总是抱怨生产部不能按时交货。于是，公司高层管理者决定为所有部门和员工建立一个目标设定流程。生产部门的目标包括按时交货和库存成本两个部分。

为了实施这个新的方法他们需要用到绩效评估系统。他们请了一家咨询公司指导管理人员设计新的绩效评估系统，并就现有的薪资结构提出改变的建议。他们付给咨询顾问高昂的费用修改基本薪资结构，包括岗位分析和工作描述，还请咨询顾问参与制定奖金系统，该系统与年度目标的实现程度密切相连。他们指导经理们如何组织目标设定的讨论和绩效回顾流程。总经理期待着很快能够提高业绩。

然而不幸的是，业绩不但没有上升，反而下滑了。部门间的矛盾加剧，尤其是销售部和生产部。生产部埋怨销售部销售预测准确性太差，而销售部埋怨生产部无法按时交货。每个部门都指责其他部门存在的问题。客户满意度下降，利润也在急剧下滑。

思考题：

本案例的问题可能出在哪里？为什么设定了目标（并与工资挂钩）反而导致矛盾加剧和利润下降？

第三章 决 策

学习目标

掌握决策的含义、决策的基本原则、决策的过程、决策影响因素、决策的方法；理解决策的依据。

引导案例

阿斯旺水坝的灾难

规模在世界上数得着的埃及阿斯旺水坝在20世纪70年代初竣工了。表面上看，这座水坝给埃及人带来了廉价的电力，控制了水旱灾害，灌溉了农田。然而，其实际上破坏了尼罗河流城的生态平衡，造成了一系列灾难：由于尼罗河的泥沙和有机质沉积到水库底部，尼罗河两岸的绿洲失去肥源——几亿吨淤泥，土壤日益盐渍化；由于尼罗河河口供沙不足，河口三角洲平原向内陆收缩，工厂、港口、国防工事有跌入地中海的危险；由于缺乏来自陆地的盐分和有机物，沙丁鱼的年获量减少1.8万吨；由于大坝阻隔，尼罗河下游的活水变成相对静止的"湖泊"，使血吸虫病流行。埃及造此大坝所带来的灾难性后果，使人们深深地感叹："一失足成千古恨!"

问题：阿斯旺水坝的灾难是什么原因导致的?

第一节 决策概述

决策是管理活动的核心，在某种意义上，整个管理过程都是围绕着决策的制定和实施而展开的。决策是计划实施的前提，计划是决策的逻辑延续。著名的管理学家西蒙的经典论断"管理就是决策"，足以证明决策在管理活动中的重要性。

一、决策的含义

对于决策的理解，不同的学者有不同的看法，但基本内涵大致相同，主要区别在于对决策的解释是从狭义还是广义上界定。狭义的决策就是拍板、做决定。广义的决策是指在对组织内外环境进行综合分析的基础上，确定组织目标，并用科学的方法拟定和评估各种可行方案，从中选出合理方案并予以实施的过程。本书选择从广义角度理解决策的含义。决策的概念还包括以下几个要点：

① 决策要有明确的目的；

② 决策要有两个或两个以上的备选方案；

③ 必须对每个方案进行综合分析与评价，比较各个方案的优劣；

④ 决策的结果是选择一个满意方案；

⑤ 决策是一个分析判断过程。

二、决策的原则

（一）满意原则

由于人是“有限理性”的人，不可能对决策所涉及的所有信息进行完全的搜集，有限的信息基础上拟定的备选方案以及对各方案的评估也不可能做到百分之百准确，因此决策遵循的只能是满意原则，而非最优原则。

（二）经济性原则

决策的经济性原则是指决策者在不违反社会利益的基础上必须以经济效益为中心，将经济效益和社会效益有机结合，以较小的劳动消耗和物质消耗取得最大的成果，简单地理解就是当效用既定时成本最小化，当成本既定时效用最大化。

（三）可行性原则

决策具有可行性是指决策目标符合组织自身条件和外部环境状况的客观实际，实事求是，决策方案易于实施，具有可操作性，能够解决实际问题。一个方案再好，如果不具备实施的条件或实施的能力，也是没用任何意义的。

（四）信息原则

信息是科学决策的物质基础，能否及时准确地获得足够的信息，对决策正确与否有着直接的关系。决策过程实际上是一个信息收集、传递、整理和分析的过程。为了提高信息对决策的针对性和适用性，还要对收集的信息进行筛选和核实，去伪存真，去粗存精，然后再对信息进行解读和分析，使之成为决策的依据。

（五）民主性原则

一般集体决策要好于个人决策，组织在决策过程中需要将利益相关方纳入进来，为决策在执行过程中奠定良好的群众基础。

三、决策的类型

（一）根据决策的重要程度不同，可分为战略决策、管理决策和业务决策

战略决策又称经营决策，是指确定组织远景规划的重大方向性决策，是重点解决组织与外部环境的关系问题的一种决策，具有全局性、长期性与非常规性的特点。

管理决策包括日常管理事务与具体经营业务决策，是指为实现战略决策而进行的短期具体决策，是对企业的人力、物资等资源进行合理配置，以及经营组织机构加以改变的一种决策，具有局部性、中期性与常规性的特点。

业务决策是指日常业务活动中为提高工作效率与生产效率，合理组织业务活动进程所作出的决策，具有琐碎性、短期性与日常性的特点。

（二）根据决策的重复程度不同，可分为程序化决策和非程序化决策

程序化决策是指按原来规定的程序、处理方法和标准，解决企业管理中经常重复出现的问题，又称重复性决策、定型化决策、常规决策。过程已标准化，可委托专门机构及人员进行，有的可按规定的程序、决策的模式以及选择方案的标准等，由电子计算机处理。程序化决策主要适用于解决结构性问题。

非程序化决策指对组织管理过程中的例外情况或不经常出现的问题所进行的决策，是

一次性决策、非定型化和非常规决策。这类决策涉及的问题一般是由于客观环境条件和组织改革与发展所带来的非常规性问题，具有很大的偶然性和随机性，并伴有大量的不确定因素，往往是有关企业重大战略问题的决策。非程序性决策针对非结构性问题。

（三）按决策者掌握信息的完备程度来分，可分为确定型决策、风险型决策和不确定型决策

确定型决策是指决策者对所需各种信息较确定的情况下进行的决策。这种决策可以根据决策目标做出肯定的选择。

风险型决策，又称随机型决策，是指对未来的情况不太清楚和肯定，各种情况的出现都有一定的概率的情况下进行的决策。这类决策具有一定的风险性。

不确定型决策是指决策者在决策过程中面临许多不确定因素的一种决策。这类决策方案的最终选择主要取决于决策者的态度、经验及其所持的决策原则。

（四）按决策主体人数多少，可分为个人决策和集体决策

个人决策，又称经验决策，它是指依靠管理者个人的经验、智慧和领导艺术所进行的决策。这类决策通常适用于组织管理过程中具有常规性且时间比较紧迫的问题的决断。

集体决策是指对于组织管理中复杂决策问题，不仅涉及多目标、不确定性、时间动态性、竞争性，而且个人的能力已远远达不到要求，为此需要发挥集体的智慧，由多人参与决策分析。

集体决策的优点包括：

① 群体决策有利于集中不同领域专家的智慧，应付日益复杂的决策问题；

② 群体决策能够利用更多的知识优势，借助于更多的信息，形成更多的可行性方案；

③ 群体决策还有利于充分利用其成员不同的教育程度、经验和背景；

④ 群体决策使人们勇于承担风险。

集体决策的缺点包括：

① 群体决策的速度、效率可能低下；

② 在群体决策过程中，决策者存在从众的压力；

③ 群体决策受到责任不清的影响。

第二节　决策的影响因素及决策的过程

一、决策的影响因素

（一）环境因素

环境因素对决策的影响包括三个方面：环境的稳定性、市场结构和买卖双方在市场的地位。

当决策所面临的环境较稳定时，决策更多的时候是由中基层管理者做出；当面临的环境剧烈变化时，决策更多的时候由高层管理者做出。

当市场处于高度垄断的环境中，组织决策更多的面向生产；当市场处于充分竞争的环境中，组织决策要更多的面向市场。

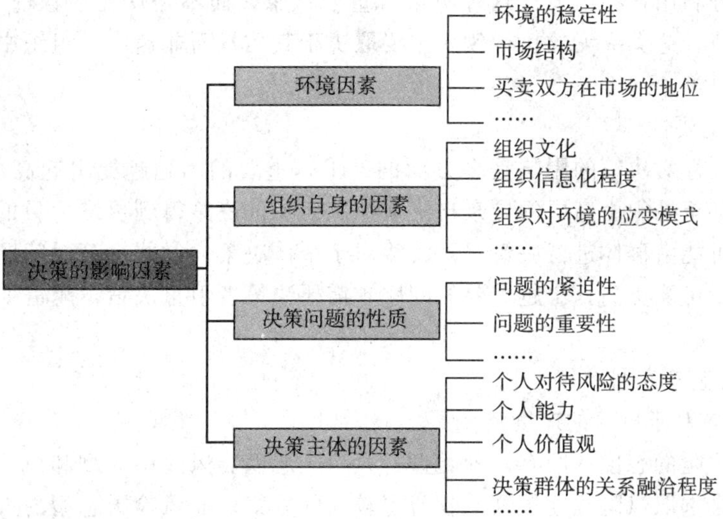

图 3－1 决策的影响因素

在卖方市场条件下，组织作为卖方，在市场居于主动、主导地位。组织所做的各种决策的出发点是组织自身的生产条件与生产能力，而在买方市场条件下，组织作为卖方，在市场居于被动、被支配的地位。组织所做的各种决策的出发点是市场的需求情况。

（二）组织自身的因素

组织自身因素包括三个方面：组织文化、组织的信息化程度、组织对环境的应变模式。

关于组织文化，在保守型组织文化中存在的人们受这种文化的影响倾向于维持现状，他们害怕变化，更害怕失败，对任何可能带来变化的行动方案会产生抵制。而在进取型组织文化中生存的人们欢迎变化，勇于创新，宽容地对待失败。在这样的组织中，容易进入决策者视野的是给组织带来变革的行动方案。

组织信息化程度对决策的影响主要体现在其对决策效率的影响上。信息化程度较高的组织拥有较先进的信息技术，可以快速获取质量较高的信息；另外，在这样的组织中，决策者通常掌握先进的决策手段。高质量的信息与先进的决策手段便于决策者快速做出较高质量的决策。

通常，一个组织对其环境的应变是有规律可循的。随着时间的推移，组织对环境的应变方式趋于稳定，形成组织对环境特有的应变模式。这种模式指导着组织今后在面对环境变化时如何思考问题、如何选择行动方案等。

（三）决策问题的性质

1. 问题的紧迫感

根据决策中时间的紧迫感，可以将决策分为时间敏感型和知识敏感型决策。时间敏感型决策是指那些必须迅速而尽量准确作出的决策。这种决策对速度的要求远胜于质量的要求，管理者应该充分认识时间对决策的影响作用，并充分利用有限的时间作出正确的决策。

知识敏感型决策是指那些对时间要求不高而对质量要求较高的决策。决策者通常有宽裕的时间来充分利用各种信息。这种决策着重于未来，而不是现在；着重于机会的运用，而不是避开威胁。这类决策的执行效果主要取决于其质量而非速度。组织中的战略决策属于知识敏感型决策。

2. 问题的重要性

问题的重要性对决策的影响是多方面的：①越重要的问题越能引起高层领导的重视，有些重要问题甚至必须由高层领导亲自决策，从而保证决策得到更多力量的支持；②越重要的问题越有可能由群体进行决策，因为相对于个体决策，群体决策对问题的认知会更全面，决策的质量可能更高；③越重要的问题越需要决策者慎重决策，越需要决策者避开各类决策陷阱。

（四）决策主体的因素

1. 决策主体对于风险的态度

人们对于风险的态度一般有三种类型：风险厌恶型、风险中立型和风险偏好型。喜好风险的人通常会选取风险程度较高但收益也较高的方案；而风险厌恶型的人则通常会选择风险最低的方案来执行；风险中立型的人通常会采取比较安全同时也带有一定收益的行动方案。

2. 个人能力

决策者个人能力对决策的影响主要体现在以下几个方面：①决策者对问题的认知能力越强，越有可能提出切中要害的决策；②决策者获取信息的能力越强，越有可能加快决策的速度并提高决策的质量；③决策者的沟通能力越强，他提出的方案越容易获得通过；④决策者的组织能力越强，方案越容易实施，越容易取得预期效果。

3. 个人价值观

组织中任何决策既有事实成分，也有价值成分。对客观事物的描述属于决策中的事实成分，如对组织外部环境的描述、对组织自身问题的描述等都属于事实成分。事实成分是决策的起点，能不能做出正确的决策很大程度上取决于事实成分的准确性。对所描述的事物所做的价值判断属于决策中的价值成分。显然，这种判断会受决策者个人价值观的影响，决策者有什么样的价值观，就会做出什么样的判断。因此个人价值观通过影响决策中的价值成分来影响决策。

二、决策的过程

（一）诊断问题，识别机会

发现问题是决策的起点。问题是指应然世界与实然世界的差距。决策是为了解决一定的问题而做出的，而研究现状是为了发现当前状态与期望状态之间的差距，这种差距的大小和根源是组织诊断和进行相应决策的原因和目的所在。一个组织总是会存在诸多问题，需要对众多问题进行分析，以明确各种问题的性质，弄清楚哪些是关乎组织全局的战略性问题、哪些是局部问题、哪些是结构化问题等，由此来确定解决问题的决策层次。

（二）明确目标

决策目标既是制定决策方案的依据，又是执行、评价决策执行效果的标准。只有明确了决策目标，才能避免决策失误。确定决策目标的目的在于澄清解决问题的最终目的，并对目标的优先顺序进行排序。根据决策目标在决策中的地位和重要程序，一般将其分为三类：必须达到的目标、希望完成的目标和不予重视的目标。

（三）拟定方案

决策目标确定以后，就应拟定达到目标的各种备选方案，拟定备选方案需要注意：

首先，要分析和研究目标实现的外部因素和外部条件、积极因素和消极因素以及决策事物未来的变化趋势和发展状况。

其次，将外部环境各不利因素和有利因素、内部业务活动的有利条件和不利条件等，同决策事物的未来趋势和发展状况的各种估计进行排列组合，拟定出实现目标的方案。

最后，将这些方案同目标要求进行粗略的对比分析，权衡利弊，从中选择出若干个利多弊少的可行方案，供进一步评估和抉择。

（四）筛选方案

对备选方案进行比较评价，确定令人满意的方案，是决策的关键环节。要进行选择首先要了解各种方案的优势和劣势，为此，需要对不同方案加以评价和比较，着重对每个备选方案的可行性、满意度和可能产生的结果进行分析。

（五）执行方案

方案的实施是决策目标能否实现的至关重要的一步。实施过程中，管理人员需要注意：一是要制订切合实际的实施计划；二是要向执行决策方案的人员传达实施要求，落实各项行动，这将有利于全体执行人员相互理解、相互支持、共同努力，充分调动全体员工的积极性。

（六）评估效果

决策的最后阶段是要对决策执行过程进行必要的适时的检查、监督和评估，从而不断促进决策方案的实施。一个方案往往会涉及较长的时间，这段时间，环境条件可能发生变化。这就要求管理者不断对方案进行修改和完善，以适应变化了的环境。及时追踪方案的实施情况，对与既定目标发生部分偏离的，应采取有效措施，以确保既定目标的顺利实现。

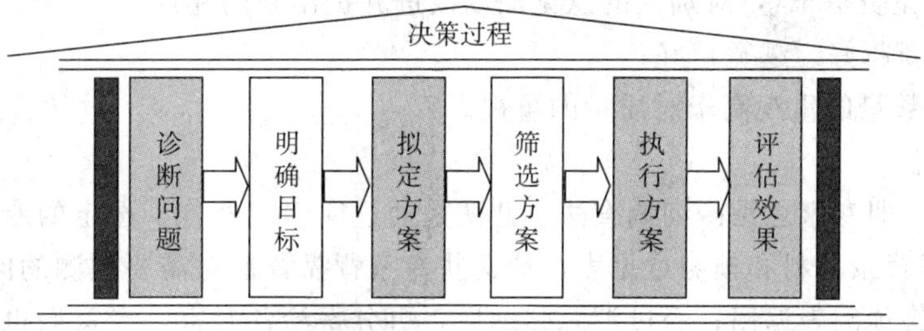

图 3-2　决策过程图

第三节　决策方法

随着决策实践和决策理论的发展，人们创立了许多可行的科学决策方法，至今已基本形成两大类：一类是定性决策方法，另一类是定量决策方法。从决策方法的发展趋势看，这两种方法不存在谁替代谁的问题，而是相互补充、密切结合。长期以来，我们习惯于传统式拍脑袋的经验决策，决策失误较多，造成了很大的损失。因而，我们必须运用新的决策方法进行决策，把定性分析方法与定量分析方法有机地结合起来。

一、定性决策方法

定性决策方法，也称为决策的“软”技术，是在决策过程中充分发挥人的智慧、知识和经验的一种决策方法。其核心是在决策过程的各个阶段，决策者根据已知情况和现有的资料，提出决策目标、方案、参数，并做出相应的评价和选择。定性决策方法主要分为两大类：集体决策方法和有关活动方向决策方法。

（一）集体决策方法

1. 头脑风暴法

头脑风暴法又称专家会议决策法，是1939年美国人奥斯本首先提出的。该方法通过邀请有关专家，通过会议形式，就特定决策问题敞开思想，各抒己见，借以鼓励决策新构想的产生。这种方法的基本点可以归为“开动脑筋、互相启发、集思广益”，鼓励群体成员尽可能多地提出解决问题的新方法。由于尊重集体智慧，头脑风暴法在企业界受到普遍重视。

采用这种方法进行决策，实施过程需要注意的包括以下几点：

① 实施方法：采用会议形式；

② 参加人员：5～12人，会议参加人的地位最好是同等的；

③ 会议时间：60～120分钟；

④ 会议形式：由主持者说明所要解决的主题是什么，然后，所有到会人员充分发表自己的看法；

⑤ 创造气氛：如利用圆桌，使人感到人人处于平等地位，甚至在桌上放名牌，给人以庄重的感觉等；

⑥ 为了促使这种方法成功，应遵循几条规定：

a. 不批评别人的意见，在别人讲完之前不以任何方式评论；

b. 允许“免费搭车”，对别人的意见加以改进并提出新的建议；

c. 思路越新越好、越宽越好；

d. 对建议数量的重视高于对质量的重视。

2. 德尔菲法

德尔菲法，即专家意见函询调查法。此法是通过向组织外若干选定的专家（一般不少于15人）邮寄背景材料和预测意见表，请这些专家背靠背地对需要预测的问题提出意见，并按规定时间将预测表返回；经过汇总归纳后，再分寄给各专家，专家们也可索要补充背景资料，以便进一步修正预测。如此反复数次，直至专家们意见大致趋于一致时，即可依此结果作为预测结论。

德尔菲法以函询匿名、数度信息反馈、结果的统计性为特点。函询匿名使被征询者不受个人的权威、资历、口才、劝说等因素的影响，可以有效避免专家云集一处时彼此产生心理反应；数度信息反馈弥补了函询方式征求意见造成的信息、意见封闭状，使专家及时了解集体的意见，也利于专家在此基础上补充、拓展、深化自己的意见。同时，德尔菲法无须专家到场，节约了召集费用。一般来说，经过四轮征询，专家们的意见可以达到相当程度的协调。

德尔菲法的缺点在于可靠性不够高，容易对不明确的问题过分敏感等；耗时很长，当需要进行快速决策时并不适用。这些都需要预测者在提出问题和每一轮调查表的设计中特别注意。

3. 名义小组法

名义小组也是一种常见的集体决策方法，它要求小组成员集中在一起工作，但不允许小组成员之间自由讨论，因而被称为名义小组。该方法实施的步骤是：首先由组织者选择一些对要解决的问题有研究或有经验的人作为小组成员组成小组，并向他们提供与决策问题相关的信息，然后小组成员写出尽可能多的各种方案。再次，由小组成员轮流陈述自己的方案，并记录在黑板上。此时允许提问以明确发言者的意思，所有方案陈述完毕后，由大家自由讨论。最后，小组成员对全部备选方案投票，产生大家最赞同的方案，并形成对其他方案的意见，提交管理者作为决策参考。名义小组法的关键是成员各自先不通气，独立思考，提出决策建议。

（二）经营单位组合分析法

经营单位组合分析法是由波士顿公司提出，以相对竞争地位和业务增长率为维度，将企业的业务分为四种类型：瘦狗类、幼童类、金牛类和明星类，如图 3-3 所示。

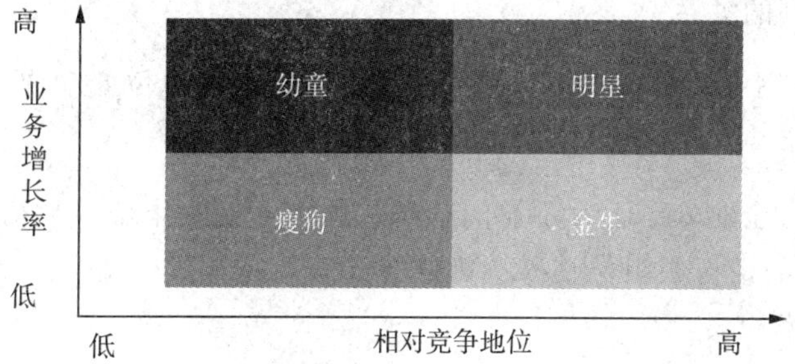

图 3-3 波士顿矩阵

① 瘦狗型：经营单位市场份额和业务增长率都较低，只能带来很少的现金和利润，甚至可能亏损——采取收缩甚至放弃的战略。

② 幼童型：经营单位业务增长率较高，目前市场占有率较低，需要大量现金。

有前途：投入必要的资金，使其向"明星"型转变。

无前途：忍痛割爱，及时放弃该领域。

③ 金牛型：市场占有率较高，而业务增长率较低，为企业带来较多的利润，同时需要较少的资金投资——产生的大量现金可以满足企业经营的需要。

④ 明星型：市场占有率和业务增长率都较高——不失时机地投入必要的资金，扩大生产规模。

二、定量决策方法

定量决策方法是建立在数学公式计算基础上的一种决策方法。其核心是运用统计学、运筹学、电子计算机等科学技术，把决策的变量与变量以及变量与目标之间的关系用数学关系表示出来，建立起数学模型，然后根据决策条件，求出方案的损益值，选择出满意的方案。定量决策方法采用何种数学工具，主要取决于决策问题本身所包含的变量多少、决策环境的不确定程度以及是静态分析还是动态分析等三方面因素。

(一) 确定型决策的方法

在比较和选择活动方案时，如果未来情况只有一种并为管理者所知，则须采用确定型决策方法。常用的确定型决策方法有单纯选优法和盈亏平衡法。

1. 单纯选优法

单纯选优法从每个方案的确切结果中，选择一个较佳方案的方法。

例 1：某毛纺厂，面对四个羊毛供应商提供了质量相当的四个羊毛的价格，分别为：25 元/斤、27 元/斤、29 元/斤、24 元/斤，显然该毛纺厂一定选择 24 元/斤。

例 2：某厂生产的某种产品在市场畅销，而该厂由于资金不足，不能增加产量以满足需求。若需要增加产量，就得向银行贷款，年利率为 10%。问：当该厂资金利润率为 18%时，贷款 500 万元是否可行?

解：贷款收益增加：500×（18%－10%）＝40 万元，不贷款只有原来的收益，因此贷款可行。

2. 盈亏平衡分析法

盈亏平衡分析法又叫量、本、利分析法。

(1) 量、本、利的关系

利润＝销量×单价－总固定成本－销量×单位变动成本

(2) 盈亏平衡点

当利润为零时，企业处于不亏不盈的状态，此点，就叫作盈亏平衡点，此时的销量叫临界销量 Q_0，此时的销售额叫作临界销售额 S_0。

(3) 经营安全率

经营安全率是反映企业经营安全程度的一个重要指标。L 越大，说明企业经营状况越好，利润越大；$L\to 0$，说明企业经营状况越差；$L=0$，企业不盈不亏；$L<0$，企业亏损。

盈亏平衡点产量的计算公式为：

$$Q_0=\frac{C}{P-V}$$

当企业有目标利润 B 时，计算销售量 Q 的公式为：

$$Q=\frac{C+B}{P-V}$$

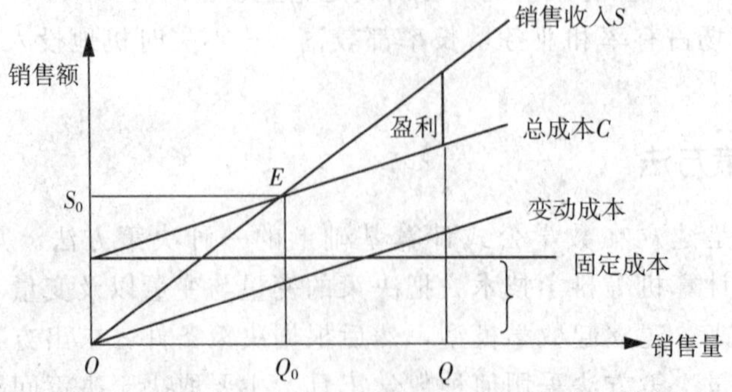

图 3-4 盈亏平衡分析法基本模型

例 3：某厂生产一种产品，其总固定成本为 100000 元，单位产品变动成本为 5 元，产品单价为 10 元。求：(1) 该厂盈亏平衡点产量为多少？(2) 如果该厂要实现利润 20000 元，其产量应为多少？

解：(1) $Q=\frac{C}{P-V}=\frac{100000}{10-5}=20000$

即当生产量为 20000 件时，处于盈亏平衡点上。

(2) $Q=\frac{C+B}{P-V}=\frac{100000+20000}{10-5}=24000$

即当生产 24000 件时，企业可获利 20000 元。

（二）风险型决策的方法

有两个以上的可行方案，有两种以上的自然状态，不同方案在不同状态下的损益值可以计算出来，决策者在决策时，无论采用哪一个方案，都要承担一定的风险。

例如：A 产品畅销的概率为 80%，可收益 10 万元，滞销 20%，可收益 −1 万元；B 产品畅销的概率为 80%，可收益 5 万元，滞销 20%，可收益 1 万元。

风险型决策常用的方法——决策树法是以图解方式分别计算各个方案在不同自然状态下的损益值，通过综合损益值比较作出决策。

决策树计算方法如下：

① 画决策树图（如图 3－5 所示）；

② 计算结点期望值 M，从右到左依次进行；

$$M=\sum(\text{损益值}\times\text{概率})\times\text{经营年限}$$

③ 计算各方案的净收益 S；

$$S=\text{期望值}-\text{投资额}$$

④ 剪枝，即方案选优的过程，决策者根据决策要求剪去劣枝，保留优枝，最后保留的方案就是最合理的方案。

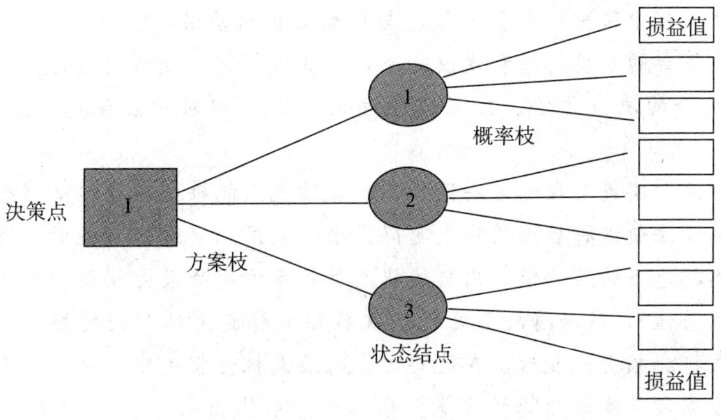

图 3－5　决策树图

（三）不确定型决策

不确定型决策是在对未来自然状态完全不能确定的情况下进行的。由于决策主要靠决策者的经验、智慧和风格，会产生不同的评选标准，因而形成了多种具体的决策方法。常用的不确定型决策方法有乐观法、悲观法、后悔值法等，下面通过举例来介绍这些方法。

例4：某企业要投产一种新产品，有三个可供选择的方案，估计产品投放市场后有畅销、一般、销路差三种情况，各方案在各种情况下的收益如表3-1所示。

表3-1 不同方案的收益值

状况 方案	收益值		
	畅销	一般	销路差
方案一	100	50	−20
方案二	85	60	10
方案三	40	30	20

乐观决策法也叫大中取大法。其思想基础是对客观情况总是抱着最好的希望，对每一件事情都有较高的期望值，主张着眼于方案中收益最大值或损失最小值，作为选择的最优化方案，因而称之为“乐观决策法”。它总想在各种最好的情况下，找出一个最好的方案，因此也称为大中取大法。运用此法进行决策时，首先要确定每一可行方案的最大收益值；然后，在这些方案的最大收益值中选出最大值，与该最大值对应的方案就是决策所选择的方案。由于根据这种原则决策也可能得到损失最大的结果，因而也称为“冒险法”。按照乐观法的思想，例题中应该选择方案一作为最优决策。

悲观决策法也叫小中取大法。基本思路是未来自然状态不可乐观，事情的发展可能会不顺利，因此采取保守态度，应把事情的最坏结果估计清楚，并以此作为决策的依据，因而称为悲观决策法。运用此法进行决策时，首先要确定每一个可行方案的最小收益值，然后从这些最小收益值中选出一个最大值，与该最大值对应的方案就是决策所选择的方案。此标准体现了决策者的稳妥思想和谨慎行为，它从最“坏”处看问题，是一种悲观的、较为保守的、无风险的决策方法。按照悲观法的思想，例题中应该选择方案三作为最优决策。

最小后悔值法。决策者在制定决策后，如果情况未能符合理想，必将会有一种后悔的感觉，因此，应设法使这种后悔的感觉变得最小。运用此法进行决策时，首先要计算出各方案在每种自然状态下的后悔值（用自然状态下的各方案的最大收益值减去同一自然状态下的各方案的收益值），从而将决策矩阵从收益矩阵转变为机会损失矩阵；然后确定每一可行方案的最大机会损失；最后，在这些方案的最大机会损失中，选择一个最小值，与该最小值对应的方案即是决策选择的方案。根据最小后悔值法，表3-1转换成的后悔值决策表如表3-2所示。因此最优决策方案为方案二。

表 3-2 最小后悔值决策表

状况 方案	收益值			最小后悔值评价
	畅销	一般	销路差	后悔值
方案一	0	10	40	40
方案二	15	0	10	15
方案三	60	30	0	60

复习思考题

1. 决策的含义是什么？
2. 如何理解决策的原则？
3. 决策的类型有哪些？
4. 简述决策的过程。
5. 决策的影响因素有哪些？
6. 决策的定性方法有哪些？
7. 决策的定量方法有哪些？

拓展实训

王厂长的会议

王厂长是佳迪饮料厂的厂长，回顾8年的创业历程真可谓是艰苦创业、勇于探索的过程。全厂上下齐心合力，同心同德，共献计策为饮料厂的发展立下了不可磨灭的汗马功劳。但最令全厂上下佩服的还数4年前王厂长决定购买二手设备（国外淘汰生产设备）的举措。饮料厂也因此挤入国内同行业强手之林，令同类企业刮目相看。今天王厂长又通知各部门主管及负责人晚上8点在厂部会议室开会。部门领导们都清楚地记得4年前在同一时间、同一地点召开会议，王厂长作出了购买进口二手设备这一关键性的决定。在他们看来，又有一项新举措即将出台。

晚上8点会议准时召开，王厂长庄重地讲道："我有一个新的想法，我将大家召集到这里是想听听大家的意见或看法。我们厂比起4年前已经发展了很多，可是，比起国外同类行业的生产技术、生产设备来，还差得很远。我想，我们不能满足于现状，我们应该力争世界一流水平。当然，我们的技术、我们的人员等诸多条件还差得很远，但是我想为了达到这一目标，我们必须从硬件条件入手，即引进世界一流的先进设备，这样一来，就会带动我们的人员、带动我们的技术等一起前进。我想这也并非不可能，4年前我们不就是这样做的吗？现在厂的规模扩大了，厂内外事务也相应地增多了，大家都是各部门的领导及主要负责人，我想听听大家的意见，然后再做决定。"

会场一片肃静，大家都清楚记得，4年前王厂长宣布他引进二手设备的决定时，有近70%成员反对，即使后来王厂长谈了他近3个月对市场、政策、全厂技术人员、工厂资金等等厂内外环境的一系列调查研究结果后，仍有半数以上人持反对意见，10%的人持保留态度。因为当时很多厂家引进设备后，由于不配套和技术难以达到等因素，均使高价引进的设备成了一堆闲置的废铁。但是王厂长在这种情况下仍采取了引进二手设备的做法。事实表明这一举措使佳迪饮料厂摆脱了企业由于当时设备落后、资金短缺所陷入的困境。二手设备那时价格已经很低，但在我国尚未被淘汰。因此，佳迪也由此走上了发展的道路。

王厂长见大家心有余悸的样子，便说道："大家不必顾虑，今天这一项决定完全由大家决定，我想这也是民主决策的体现，如果大部分人同意，我们就宣布实施这一决定；如果大部分人反对的话，我们就取消这一决定。现在大家举手表决吧。"于是会场上有近70％的人投了赞成票。

思考题：

1. 王厂长的两次决策过程合理吗？为什么？

2. 如果你是王厂长，在两次决策过程中应做哪些工作？

3. 影响决策的主要因素是什么？

第四章　组　织

学习目标

掌握组织的含义、构成要素和功能、组织的内容、组织设计的步骤、组织设计的影响因素；了解部门划分的原则和方法、组织结构的类型、授权应遵循的原则、组织变革的动因和阻力。

引导案例

浪涛公司

浪涛公司是一家成立于1990年的生产经营日用清洁用品的公司，由于其新颖的产品、别具一格的销售方式和优质的服务，其产品备受消费者的青睐。公司在总裁董刚的带领下发展迅速。然而，随着公司的发展，公司总裁逐步发现，一向运行良好的组织结构，现在已经不能适应该公司内外环境变化的需要。

公司原先是根据职能来设计组织结构的，财务、营销、生产、人事、采购、研究与开发等构成了公司的各个职能部门。随着公司的壮大发展，产品已从洗发水扩展到护发素、沐浴露、乳液、防晒霜、护手霜、洗手液等诸多日化用品上。产品的多样性对公司的组织结构提出了新的要求。旧的组织结构严重阻碍了公司的发展，职能部门之间矛盾重重，在这种情况下，总裁董刚总是亲自做出主要决策。

因此，在2000年总裁董刚做出决定，即根据产品种类将公司分成8个独立经营的分公司，每一个分公司对各自经营的产品负有全部责任，在营利的前提下，分公司的具体运作自行决定，总公司不再干涉，但是重组后的公司没过多久又涌现出许多新的问题。各分公司经理常常不顾总公司的方针、政策，各自为政；而且分公司在采购、人事等职能方面也出现了大量重复。这些在总裁面前逐步显现出公司正在瓦解成一些独立部门。在此情况下，总裁意识到自己在分权的道路上走得太远了。

于是，总裁董刚又下令收回分公司经理的一些职权，强调以后总裁拥有下列决策权：超过10万元的资本支出；新产品的研发；发展战略的制定；关键人员的任命等。然而，职权被收回后，分公司经理纷纷抱怨公司的方针摇摆不定，甚至有人提出辞职。总裁意识到了这一举措大大地挫伤了分公司经理的积极性和工作热情，但感到十分无奈，因为他实在想不出更好的办法。

问题：试分析浪涛公司在进行组织结构设计时的困惑所在。

第一节　组织概述

一、组织的含义

关于组织的含义，既可以从名词角度理解，也可以从动词角度理解。

（一）从名词角度理解

组织是指人们为了达到共同目标，通过责权分配和层次结构设计所构成的一个完整的有机体。美国管理学家切斯特·巴纳德认为：由于生理的、心理的、物质的、社会的限制，人们为了达到个人的和共同的目标，就必须合作，于是形成群体，即组织。常见的组织如企事业单位、国家机关、政治党派、社会团体以及宗教组织等。这个概念还包含以下几层含义：

① 人是组织的主体。任何组织都是由各种各样的人通过分工协作组成的。

② 组织是实现目标的工具。目标的实现必须依赖于一定的载体，这个载体就是组织。

③ 组织由不同权力层次和责任机制组成。

④ 组织作为一个有机体，它会经历成长、发展、衰落甚至死亡。

（二）从动词角度理解

组织是指为了实现组织的目标而确定组织各要素及其相互关系的活动过程，简单地讲，就是设计一种组织结构并使之运转的过程。著名管理学家哈罗德·孔茨曾说，组织管理职能的目的就是设计和维持一种职务结构。

二、组织的构成要素

组织的构成要素分为有形和无形两种，对于一个组织来说，有形要素和无形要素都是组织存在的必要条件。

（一）有形要素

一般要构建一个组织，需要的有形要素包括：

1. 人员

人员是组织构成的核心要素，只有人才能使组织运转起来，并充满生机和活力。

2. 职务

组织中的人员必须从事一定的工作，承担一定的义务，人员从事的工作和承担的义务必须是实现组织目标所必需的。

3. 职位

同一种工作或业务是一个人不能完成的，这就需要设置多个从事相同工作或业务的岗位。

4. 关系

担任不同职务、处于不同岗位、承担不同责任的人员之间必须存在着某种联系。组织成员之间的关系主要是责任关系、权力关系和利益关系。

5. 生存条件

一个组织要生存和发展离不开必要的物质条件，这些条件包括组织运行所必需的资金、工作场所、交通通信工具等。

（二）无形要素

系统学派的创始人巴纳德认为，所有正式组织不论其级别和规模差别多大，均包含共同目标、协作意愿和信息沟通三个基本要素，组织的产生和发展只有通过这三个要素的结合才能实现。

1. 共同目标

组织作为一个有机整体，首先要有一定的目标。任何组织都是为了实现特定的目标而存在的。可以说，组织目标是组织一切动力的源泉。这种共同的目标既为组织运营和组织协调所必需，又能为组织成员所接受和理解，同时又必须随环境条件的变化而做出适当的调整。

2. 协作意愿

这是指个人为组织贡献力量的愿望。这种愿望能使每个人的力量凝聚为一个整体力量，这对组织来说是不可缺少的一项要素。若是没有协作意愿，就不可能有持久的愿做贡献的个人努力。但这种愿望也意味着个人行为控制权的转让与个性化的失去。因此，巴纳德认为两方面的问题值得我们注意：①协作愿望的强度随着个人不同有很大的差别，有的很强，有的很弱；有的积极，有的消极，还有的人持反对意见。成员的协作愿望的强弱与组织的规模成反比，组织规模越大，越是综合性的，成员的协作愿望就越小，甚至是消极的。反之，组织单位越小，协作愿望就越强烈。②人协作愿望的强弱是经常变化的，组织中协作意愿强弱的人数也在变化，并不是固定不变的。组织可以通过提供各种奖酬刺激和说服教育两种措施来设法获得成员的协作愿望。

3. 信息沟通

组织成员必须愿意合作，这就要求组织共同目标与个人目标必须是能够统一的、相互协调的，而信息沟通是进行有效协调的必要条件。通过信息沟通将两者联系和统一起来才具有意义和效果。有组织目标而缺少沟通，将无法统一和协调组织成员为实现组织目标所采取的合理行动。因此，信息沟通是组织内的一切活动的基础。

三、组织的功能

组织活动绝不仅仅是简单地把单个个体力量集合在一起，个体力量的简单集合可能会成为一个“抱团”的群体，也可能仅是形成一盘散沙而已。事实上，有效地利用群体的力量才可能完成单独个体所不能完成的任务，这才是组织的功能所在。

一个优秀组织的基本功能具体表现在以下几个方面：

（一）聚集功能

组织的聚集功能就是指组织把分散的人力资源、财务资源、物力资源、知识信息等加以聚集，分工协作，共同努力，实现单独个体无法实现的目标。聚集功能是组织的基本功能。

（二）放大功能

判断一个组织的效力，就是要看它是否具备“整体大于个体的总和”的作用。

（三）交换功能

在组织内部，个人与组织之间存在交换关系，个人之所以加入一个组织并对其投入时间、精力和技能，目的是为了从组织中得到自己想得到的利益或报酬，以满足自己的需要，而组织给员工各种利益或报酬也是为了让成员对组织有所贡献，以实现组织的预期目标。个人与组织之间的关系，可以说是建立在一种相辅相成、平等交换的基础之上，形成双方都感到满意的关系。

（四）调节功能

组织是社会的基本单元，是生存于社会大环境之中的，它既要为社会提供各种服务以影响社会，又要受到社会经济、政治、文化及其因素的制约。因此，有生命力的组织必须能适应外部环境的变化，随时进行自我调节。“学习型组织”就是强调通过团体的不断学习随时改变心智模式，实现组织的自我超越。

四、组织的类型

不同类型的组织，其功能和特征也是不同的，要深入了解组织之间的规律，有效地对组织进行科学分类是十分必要的。

（一）按组织的规模程度来划分

按规模程度组织可分为小型组织、中型组织、大型组织。

（二）按组织社会功能来划分

美国著名的社会学家帕森斯认为，组织的分类应按社会作用和社会效益进行，即以组织的社会功能为标准，将组织分成以下四类：

1. 经济性组织

这类组织以经济生产为核心，运用一切资源扩大组织的经济生产能力，如银行、工厂、保险公司、财团等。

2. 政治组织

这类组织的功能在于实现某种政治目的，因此它的重点是权的生产和分配，如政府部门。

3. 整合组织

这类组织的功能在于协调各种冲突，引导人们向某种固定的目标发展，以保持一定的社会秩序，如法院、监狱等。

4. 模型维持组织

这类组织的功能在于维持特定的社会形式，以确保社会的平衡发展，如学校、社团、教会等。

（三）按组织的形成方式来划分

1. 正式组织

巴纳德认为，如果有两个或两个以上的人，按照某一既定目标而有意识地协调他们的活动时，就构成了正式组织。孔茨指出，正式组织是通过对角色职务结构的刻意设计而产生的，主要表现在指挥链、职权与责任的关系及功能作用。由此可见，正式组织是为了有效实现组织目标而明确规定组织成员之间职责范围和相互关系的一种机构，其制度和规范对成员具有正式的约束力。

2. 非正式组织

（1）非正式组织的含义

非正式组织是指人们在共同工作或生活中，由于具有共同的兴趣和爱好，以共同的利益和需要为基础而自发形成的团体。

（2）非正式组织形成的原因

一般说来，非正式组织形成的原因主要有以下几个：

① 由于某种利益或观点上的一致性。

② 具有共同的价值观和兴趣爱好。

③ 具有类似的经历或背景。

(3) 非正式组织的影响

积极作用：①可以满足员工的心理需要。非正式组织是自愿形成的，其成员之所以愿意成为非正式组织的成员，关键是这类组织可以给他们带来某种需要的满足。组织成员的许多心理需要是在正式组织中无法得到满足的，但在非正式组织中可以得到实现。这类需要的满足，对工作的效率有着非常重要的影响。②易于形成团结合作的精神。员工在非正式组织的频繁接触中相互之间的关系更加和谐、融洽，从而易于产生和加强合作的精神。③规范成员的行为。④正式信息通道的补充。非正式组织有着十分畅通的信息渠道，许多信息往往是通过非正式组织传播的。管理者可以把非正式组织的信息渠道作为正式组织重要的信息补充来源，以及时了解员工的各种需要和真实想法。

消极作用：①非正式组织目标如果与正式组织的目标冲突，可能对正式组织的工作产生不利的影响，并扩大抵触情绪。②非正式组织要求成员一致性的压力会束缚成员的个人发展，干预正式组织活动。③非正式组织的压力会影响正式组织的变革。从心理上来说，任何人都会担心组织的变革改变正式组织的结构，威胁到自己的利益，因此希望维持现状，通过非正式组织的力量给变革增加障碍和阻力。④非正式组织成员间交往非常频繁，信息传递速度快，容易导致小团体主义，对组织内的信息传递、人际交往、功能运作等会产生阻碍甚至扭曲的反作用，往往会造成谣言和小报告的流传。

(四) 正确对待非正式组织

任何正式组织中都可能存在着非正式组织，这是无法避免的现实。作为管理者，要有效地实现正式组织目标，就要合理利用非正式组织的积极方面，抑制其不利影响。

1. 鼓励

这主要是对于那些出于爱好建立、凝聚力比较小的群体。不能把企业的工作权限交给非正式组织，但是可以把福利等工作交给他们，比如把钓鱼爱好者组织起来成立钓鱼协会，让他们拥有更好的活动制度，就能够使他们的活动规律化，避免影响工作，同时使他们对企业有更好的认同感，这就调动了这批员工的工作积极性。这不会导致企业成本的增加，反而会减少企业的人力成本。

2. 重视核心人物

核心人物在非正式组织中的作用是巨大的，而且通常是在某些方面很有才能的人。企业管理者应该认真考察，重视并与这样的核心人物进行充分的交流和协商，以发挥他的号召力和影响力。这样做不是拉拢，也不是迁就，而是建立在充分、客观了解核心人物的基础上的人尽其才。

3. 参照

非正式组织可以成为管理者的一面“镜子”，用来反映企业管理状况。负面的非正式组织出现，说明员工有明显的不满情绪；一定比例的员工经常在工作时间串办公室、聊天、讨论炒股心得，说明企业管理不够严格，有很大的漏洞，员工工作量不足；企业出现了年轻人扎堆准备考研或者出国考试的小团体，说明企业对年轻人的吸引力下降，将很难留住和吸引人才。通过对这些非正式组织的研究，管理者就能发现自身工作的不足或者体制的缺陷，找到改善管理的突破口。

4. 文化引导

任何非正式组织都不是固定不变的，也会随着时间和周围环境的变化而逐渐演变。对非正式组织的引导是个比较微妙的工作。文化引导，就是通过企业文化建设，改变员工的意识、价值观，使员工与企业的价值取向一致。如果员工更加愿意凝聚在正式组织周围，或者更愿意遵守企业的规章制度，并从工作中得到更多的乐趣和成就感，非正式组织就会越趋向松散。

5. 建立通畅的正式沟通渠道

非正式沟通往往是由于缺乏正式的信息沟通才产生的，并且由于非正式沟通的不规范性和不权威性，经常会引起信息的失真。当通过这种非正式的渠道所传递的信息严重失真，并引起组织内部的人心涣散、惶恐时，它就会对组织造成极大的危害。为此，作为管理者，当面对危机时，首先应致力于迅速在组织内部建立起权威的、正式的信息沟通渠道。当组织内的员工对组织的任何情况产生疑问时，有一个合法的渠道获取真实的信息，这样就能把非正式沟通给企业所带来的损失减少到最低限度。

6. 培养团队协作型文化

非正式组织与正式组织之间的冲突本质上是两种文化之间的冲突，是正式组织文化与非正式组织的亚文化之间的冲突。因而，从长远来看，要通过培养团队协作型文化来引导非正式组织的正确发展方向。培育团队协作型企业文化，是构建基于高度信任的企业人际关系的关键，企业应在员工中培育共同的理想和价值观念，从而使员工对企业有认同感、归属感，增强企业的凝聚力；企业应通过采取各种激励措施，满足员工的物质和精神心理需要，使员工与企业之间结成命运共同体；企业还应加强企业道德建设，并建立和完善企业内部的各项规章制度，通过企业道德的力量和制度规范来约束员工的行为，增强员工之间的互信和合作机制，从而建立强文化型企业，加强企业信息的沟通，使非正式组织的消极作用消弭于无形。

7. 管理者施加影响

管理者要能平易近人，保持平和、虚心的态度，主动与员工接触，尽可能地参与非正式组织的活动，以消除员工对管理者的顾虑和防备，这样才能使管理者更容易加入“非正式组织”中。当管理人员成为非正式组织的成员，可以通过他们施展个人影响，逐渐使非正式组织的行为和利益与正式组织管理目标保持一致，更好地发挥非正式组织的积极作用，遏制消极作用的发生。

五、组织工作的内容

组织工作主要是为实现组织目标而对组织本身进行的结构设计与调整、业务活动的分类、管理人员职位的设置、管理职权的分配以及对组织成员的行为加以规范和协调的工作。具体内容包括：

（一）组织设计

组织设计是指以组织结构设计为核心的组织系统设计活动，主要包括以下内容：

① 在研究组织环境和内外资源条件并确定组织战略目标的基础上，明确实现组织战略目标所要完成的工作任务。

② 对要完成的工作任务进行适当的分工和组合，从而形成职位、部门和层次。

③ 为这些职位和部门分配责任和权限。

④ 为使这些职位和部门有效地一起工作，还要设置必要的规范和协调关系。

（二）组织运行

组织运行就是使设计好的组织结构运作起来。在组织的运作过程中，需要进行适度的集权与分权的选择，实行合理的组织授权，完善并保证组织的有效运行，提高组织运行效率。为了使整个组织能够有机运转，不仅要有设计合理的组织结构，而且要选拔合适的人员，建立一系列规范的制度，采取有效的领导方式和激励手段，建立良好的信息沟通渠道，并对组织运行中出现的各种问题进行及时有效的控制等。因此组织的运行是与管理工作其他职能联系最为紧密的一环。

（三）组织变革

组织变革就是对组织的调整、改革和再设计，它属于组织工作过程中的反馈与修正阶段。当组织的运行中出现了不完善之处，或者环境发生变化后而引起组织目标的调整时，原有的组织结构设计就要进行修改，以提高组织的效能，增强组织的适应性。

第二节　组织设计

一、组织设计的任务

组织结构的设计，实质就是把为实现组织目标而需完成的工作不断划分为若干性质不同的业务工作，然后再把这些工作“组合”成若干部门，并确定各部门的职责与职权。总之，组织结构的设计就是对组织内的层次、部门和职权进行合理的划分。组织设计的任务主要是建立组织结构和明确组织内部的相互关系，提供组织机构图和职务说明书。

（一）组织结构图

组织设计的结果就是绘制出清晰的组织结构图，设计组织中各部门的职能、职权和职责，确定组织中的直线职权、参谋职权、职能职权等的活动范围及相互关系。

（二）职务说明书

组织在绘制出组织框架图之后，需要确定不同部门的职务个数和职位层级，并将每个职位的工作内容、职责、权限以及什么素质的人可以胜任该岗位以书面的形式描述出来，即形成职务说明书。

二、组织设计的原则

设计和建立合理的组织结构，根据组织由外部要素的变化适时地调整组织结构，其目的都是为了更有效地实现组织目标，所以组织设计必须遵循以下基本原则。

（一）目标统一性原则

组织结构的设计和组织形式的选择必须有利于组织目标的实现。任何一个组织，都是由它特定的目标决定的，组织中的每一部分都应该为其与既定的组织目标有关系服务，否则，它就没有存在的意义。同样道理，每一机构又以有自己的分目标来支持总目标的实现，则这些分目标就又成为机构进一步细分的依据。为此，目标层层分解，机构层层建立下去，直至每一个人都清楚了解自己在总目标的实现中应完成的任务，这样建立起来的组织机构才是一个有机整体，才能保证组织目标的实现。这一原则还要求在组织设计中要以事为中心，因事设机构、设职务，做到人与事高度匹配，避免出现因人设职的现象。

（二）分工协调原则

分工就是按照提高管理专业化程度和工作效率的要求，把组织的目标分成各级、各部门以至各个人的目标和任务，使组织的各个层次、各个部门、每个人都了解自己在实现组织目标中应承担的工作职责和职权。有分工就必须有协调，协调包括部门之间的协调和部门内部的协调。组织结构中的管理层次的分工、部门的分工及职权的分工，各种分工之间的协调就是分工协调原则的具体体现。

（三）有效管理幅度原则

管理幅度是指一名主管人员有效地指挥、监督、管理直接下属的人数。一般来说，主管人员有效地监督、指挥其直接下属的人数是有限的。管理幅度的限度取决于多方面的因素，例如工作类型、主管人员以及下属的能力等。因此，管理幅度宽度是因组织、因人而异的。由于管理幅度宽度的大小影响和决定着组织的管理层次以及主管人员的数量等一些重要的组织问题，所以，每一个主管人员都应根据影响自身管理宽度幅度的因素来慎重地确定自己的理想宽度。

（四）权责一致原则

职权和职责必须相等。在进行组织结构的设计时，既要明确规定每一管理层次和各个部门的职责范围，又要赋予完成其职责所必需的管理权限。职责与职权必须协调一致，要履行一定的职责，就应该有相应的职权，这就是权责一致原则的要求。只有职责，没有职权或权限太小，则其职责承担者的积极性、主动性必然会受到束缚，实际上也不可能承担起应有的责任；相反，只有职权而无任何责任，或责任程度小于职权，将会导致滥用权力和“瞎指挥”，产生官僚主义等。因此，在实际的组织设计中应尽量避免这两种倾向。科学的组织结构设计应该是将职务、职责和职权形成规范，定出章程，使无论什么人只要担任该项工作就得有所遵从。

（五）统一指挥原则

组织的各级机构以及个人必须服从一个上级的命令和指挥，只有这样，才能保证命令和指挥的统一，避免多头领导和多头指挥，使组织最高管理部门的决策得以贯彻执行。根据这一原则，上级指示从上到下逐级下达，不许发生越级指挥的现象，下级只接受一个上级的领导，只向一个上级汇报并向他负责，这样，上下级之间就形成了一个“指挥链”。在这个指挥链上，上级能了解下属情况，下属也容易领会上级的意图。因此，按照统一指挥原则去办，指挥和命令如果能组织安排得当，就可做到政令畅通，提高管理工作的有效性，而那些由于“多头领导”和“政出多门”所造成的混乱就可避免。

（六）集权与分权相结合原则

为了保证有效的管理，必须实行集权与分权相结合的领导体制。该集中的权力集中起来，该下放的权力就应该分给下级，这样才能够加强组织的灵活性和适应性。因此，高层主管必须将与下属所承担的职责相应的职权授予他们，使下属有职、有责、有权，这样就可以使下属充分发挥他们的聪明才干，调动他们的积极性，以保证管理效率的提高，也可以减轻高层主管的负担，集中精力抓大事。

（七）精简高效原则

无论任何一种组织结构形式，都必须将精简高效原理放在重要地位。在服从由组织目标所决定的业务活动需要的前提下，力求减少管理层次，精简管理机构和人员，充分发挥组织成员的积极性，提高管理效率，更好地实现组织目标。一个组织只有机构精简，队伍精干，工作效率才会提高；如果组织层次繁多，机构臃肿，人浮于事，则势必导致浪费人力，滋长官僚主义、办事拖拉、效率低下。因此，一个组织是不是具备精简高效的特点，这是衡量其组织结构是否合理的重要标准之一。

（八）稳定性与适应性相结合原则

一般来说，组织要进行实现目标的有效的活动，就要求必须维持一种相对平衡的状态，组织越稳定，效率也将越高。组织结构的大小调整和各部门职权范围的每次重新划分，都会给组织的正常运行带来不利的影响。因此，组织结构不宜频繁调整，应保持相对稳定。但是，不但组织本身是在不断运动的，而且组织赖以生存的大环境也是在不断变化的，当组织结构相对地呈现僵化状态，组织内部效率低下，而且无法适应外部的变化或危及生存时，组织的调整与变革就是不可避免的了。因为只有调整和变革，才会给组织重新带来效率和活力。

（九）均衡性原则

同一级机构、人员之间在工作量、职责、职权等方面应大致平衡，不宜偏多或偏少。苦乐不均、忙闲不均等都会影响工作效率和人员的积极性。

三、组织设计的影响因素

组织设计除了需要遵循上述基本原则之外，还必须考虑影响组织结构及其效能的各种因素，才能建立内外各因素协调配合，既体现组织特征又符合科学原理的组织模式。一般认为，组织战略、外部环境、组织规模、技术因素等是进行组织结构设计时需要考虑的重要影响因素。

（一）组织战略

组织跟随战略是组织建设的重要理论依据，这是20世纪研究美国管理史的著名学者钱德勒在考察美国成功企业后得出的重要结论。这说明，一旦组织选择了某种战略，就必须选择正确的组织形式确保战略实施，不同的战略实施需要运用不同的组织设计作为战略实施成功的保障。例如在提倡创新发展战略的企业，往往建立较为松散的组织结构，以利于员工“天马行空、无拘无束”的思想创新，创造活跃思想的氛围；相比而言，提倡成本领先的企业往往建立严格的控制体系，控制浪费行为，以节约每一个铜板。

（二）组织环境

组织是存在于一定社会环境之中的开放系统，需要经常不断地与环境交换信息和资源才能生存和发展，所以必然会受到各种环境力量的影响。但相对于组织的能力来讲，组织的环境是组织难以控制的，组织只能调整自身结构来适应不同的环境。任何组织都处在一定的政治、经济、文化、技术和法律环境中，组织设计必须关注组织环境的影响。

（三）组织规模

组织规模对组织设计具有明显的影响，这是显而易见的。相比小型组织的机构而言，大型组织的结构肯定要复杂得多，因为大型组织较小型组织具有更高程度的专业化和横向与纵向分工，信息的传输、收集及整理等也都是简单组织结构所不能承担的。一般而言，组织结构与组织规模呈正相关关系，但其边际相关度会递减，也就是说，当组织规模达到一定水平后，组织规模对组织结构的影响程度将逐渐减弱。

（四）技术因素

技术因素对组织结构的影响主要体现在两个方面：一方面是信息传递方式和速度的改变影响到组织中的职务设置、结构特点和对管理人员的素质要求。如果一个组织拥有了先进的办公自动化设备和完善的管理信息系统，将大大减少管理职务，也会产生新的组织和管理岗位，如大型组织出现了主管企业信息的收集和发布的首席信息官（Chief Information Officer，CIO）。20 世纪末期以来迅速推广与普及的如企业资源计划系统（ERP）等系统管理软件，更是大幅度地促进了组织结构的扁平化、部门设置的综合化、管理职能的集中化。另一方面是采用先进技术的组织对组织结构产生的影响，如激光照排技术及其设备彻底改变了图书出版企业的生产流程；计算机在金融行业的使用大大减少了银行工作人员的手工劳动强度，同时自动取款机、网上交易也得到了快速发展。这不仅节省了大量的经营成本、提高了服务质量，还悄然改变了银行的业务机构和组织结构。

（五）其他因素

管理者本身对组织设计的偏好、组织发展中特定的传统与文化、组织发展中的一些内外突发事件等因素也会对组织设计产生重要影响。一个组织的管理职务及其整体的结构设计是为实现组织目标服务的，只有深入分析影响组织结构及其效能差异的各种因素，才能建立各因素和谐配合，既充分体现各组织的独特性又保持组织内部努力方向一致性的组织模式。

四、组织设计的步骤

组织设计的整个过程可以分为以下五个步骤：

（一）职务设计

职务设计是组织设计最基础的工作。职务设计就是要分析确定哪几项工作组合起来构成一个完整的职务。因此，要将实现组织目标所必须进行的活动逐步分解，划分若干较小的任务单元，以便于每一个人专门从事某一部分的活动，而不是全部活动，这就是劳动分工。对活动进行分工后，还要将若干工作任务组合起来构成一个完整的职位，以便由组织的员工来承担相应的职务。有些职务包括大量常规性的重复工作，有些职务则是非常规性的；有些职务要求广泛的技能，有些职务只要求范围较窄的技能；有些职务具有严格的程序规范，有些职务则有相当的自由度和灵活度。

（二）部门划分

在选择和设计好职务和工作岗位后，就需要考虑如何将这些工作岗位按照一定的逻辑科学地加以安排，形成部门或工作单位，以便进行有效管理。部门是一个组织中把不同工作组织起来的基本单位，是组织中的主管人员为完成规定的任务而有权管辖的一个特定领域。部门划分是组织的横向分工，其目的在于确定组织中各项任务的分配与责任的归属，做到分工合理、职责分明，从而有效地实现组织目标。

（三）层次建立

部门划分是对组织活动进行的横向分工，在此基础上还需要进行纵向的划分，即建立上下级报告的层次关系，构成多层次结构的组织系统。建立层次需要解决好管理幅度与管理层次的关系问题。

（四）责权分配

通过建立层次所形成的组织结构，表明了组织内各层次上下级相互作用的关系模式，在此基础上还应将一个组织的责权分配到各个层次、各个部门和各个岗位上去，即规定哪个岗位应该对哪些工作负责，规定不同岗位所应具备的权利，最终形成组织中的指挥链。

（五）协调活动

分工和协作是组织管理中的两大要素。在把实现组织目标所需完成的任务分配到不同的职位和部门，并进行责权安排之后，还必须在此基础上进行整合，以使组织中的个人或部门协同运作，实现组织的整体目标。

五、职务设计

一个组织在设计其组织结构时，必须将为完成其目标任务所不可缺少的业务活动进行分类，然后对每类活动实行劳动分工，划分成许多职务或岗位，并对每个职务或岗位所承担的任务、职责进行规定，这一工作就称为职务设计。职务设计是组织设计的基础，是实现层次化、部门化结构的前提。

（一）职务设计基本要求

1. 因事设职

因事设职是指所设计的职务都来自为完成目标任务所不可缺少的业务活动，如不设此职务，无人从事此项活动，就将影响组织目标的实现。

2. 科学的分工

劳动分工是组织设计工作的基本原则，又是职务设计的主要内容。合理的分工能较大程度地提高劳动效率，但过细的分工反而会让员工产生厌倦感，出现劳动分工的非经济性现象。

3. 编制完整的职务说明书

职务设计的结果表现为职务说明书。它是一种书面文件，主要描述某项职务的工作内容、职责与职权，与组织的其他部门或职务之间的关系以及担任此项职务的人员所需具备的素质与条件。

（二）职务设计基本方法

1. 职务专业化

职务专业化是指将职务分为细小的、专业化的任务，管理者要尽可能地将职务设计得简单。许多组织的职务设计采用这种方法，如流水线上的工人。这种方法的优点在于有利于提高工作熟练程度、便于使用专用设备等；缺点在于过分的专业化分工容易让员工感到枯燥，产生厌倦感，导致工作效率降低。

2. 职务轮换

职务轮换是指让员工先后承担不同的但在内容上很相似的工作。职务轮换是避免职务专业化及其缺陷的一种早期努力，这一职务设计方法使员工的工作得以多样化，从而避免厌倦产生。职务轮换拓宽了员工的工作领域，给予他们更多的发展机会，让员工感受工作的刺激和新鲜感，使员工掌握更多的技能，增进员工对不同工作的理解，提高协作效率。但是工作轮换需要增加培训成本，还有可能导致生产效率下降。因为员工在原岗位上正创造着效益，而岗位的轮换需要一定时间来学习，存在一个成本问题。

一般来说，职务轮换有纵向和横向两种类型。纵向轮换指的是升职或降职，但我们通常谈及的职务轮换多意味着水平方向上的多样变化，即横向的职务轮换。横向轮换可以有计划地实施，即制定培训计划，让员工在一个岗位上从事两三个月时间，然后再换到另一个岗位，以此作为培训手段。

3. 职务扩大化

职务扩大化是指扩大员工工作范围，将几种工作纳入一个职务中，增加职务所承担的任务数目。比如把由一个人负责一道工序改为几人共同负责几道工序，或者在单调的工作中增加一些如维护保养、清洗润滑之类辅助工作等。这样，在一定程度上降低了员工对工作的单调感和厌烦情绪，提高员工对工作的满意程度。

职务扩大化能够增加员工同一职务的工作内容，增加了工作的多样性和提高了工作质量，使员工感到工作更加充实。不足之处是没有给员工的工作提供多少挑战性，因为纳入同一职务的那些工作具有极大的相似性。

4. 职务丰富化

职务丰富化是加深工作的深度，让员工除完成职务规定的工作以外，还担负着一些通常由管理者完成的任务，如计划和评价他们自己的工作。职务丰富化是在工作内容和责任层次上的基本改变，是通过增加工作内容、工作责任、工作自主权以及自我控制，使职务工作多样化，让员工更加完整、更加负责地工作，以满足员工的心理需要，达到激励的目的。

职务丰富化能够为员工提供更大的激励和更多的满意机会，从而提高了生产效率和产品质量，降低员工的离职率和缺勤率。但职务丰富化会增加企业的培训费，扩充工作设备费，支付给员工更高的工资等。

5. 以员工为中心的工作再设计

这是一种将组织战略、使命与员工对工作的满意度结合起来，从员工出发，鼓励员工参与，充分采纳员工对某些问题的改进建议，进行工作再设计的过程。在以员工为中心的工作再设计中，员工可以提出对工作进行某种改进的建议，这不仅可以增加员工对工作的满意度，而且有利于组织目标的更好实现。

（三）职务说明书

编制职务说明书，就是将职务分析的结果加以整合以形成具有组织法规效果的正式文本。一般来说，职务说明书一旦形成，组织中的各项人事管理活动都必须以此为依据。

1. 职务说明书的作用

通过职务分析，把每个职务的性质、任务、责任、权力、工作内容等用书面形式记录下来即成为职务说明书。组织在制定职务说明书时必须要解决以下几个问题：

（1）描述职务目标

不同的职务有不同的目标。描述职务目标应遵循“3W”法，即为什么设计本职务（目的）——Why；职务有多大权力（职权范围）——With-in；本职务主要干哪些工作

（工作内容）——What。

（2）确定职务职责

仅仅描述工作内容还远远不够，还需要确定能保证工作内容高效率完成的职责。职责要按照由主到次的顺序书写，用关键词描述所应担负的责任。

（3）指明关键要素

指明关键要素即明确每一职务最关键、最重要的要素。如新建组织招聘部门经理，“经验”即为该岗位的关键要素，而运转成熟的组织经理，“创新”则成了关键要素；司机的良好心态是安全驾驶的关键，因此，“良好心态”则为驾驶员的关键要素。

（4）规定核心能力

核心能力是完成职务工作的前提和保证。如企业的销售人员说服他人、影响他人的能力即为其核心能力，因为只有具有绝佳心理素质和特强的心理承受能力，才能成为一个成功和出色的销售人员。

2. 职务说明书的内容

（1）基本资料

基本资料包括职务名称、直接上级职位、所属部门、工资等级、所辖人员、定员人数、工作性质等，同时应列出职务分析人员姓名、人数和职务分析结果的批准人栏目。

（2）工作描述

① 工作概要：用简练的语言说明工作的性质、中心任务和责任。

② 工作活动内容：逐项说明工作活动内容；说明各项活动内容占工作时间的百分比；各活动内容的权限；各活动内容的执行依据。

③ 工作职责：逐项列出任职者的工作职责。

④ 工作结果：说明任职者执行工作应产生的结果，以定量化为好。

⑤ 工作关系：说明此工作受谁监督；说明此工作监督谁；说明此工作可晋升的职位、可转换的职位以及可升迁至此的职位；与哪些职位发生关系。

⑥ 工作人员运用设备说明：说明工作人员主要运用的设备名称；说明工作人员运用信息资料的形式。

（3）工作环境

① 工作场所：在室内、室外，还是其他特殊场所。

② 工作环境的危险：说明危险性存在的可能性，对人员伤害的具体部位、发生的频率以及危险性原因等。

③ 职业病：即从事本工作可能患有的职业病及轻重程度。

④ 工作时间特征：如正常工作时间、加班时间等。

⑤ 工作的均衡性：即工作是否存在忙闲不均的现象及经常性程度。

⑥ 工作环境的舒适程度：即是否在高温、高湿、寒冷、粉尘、有异味、噪声等工作环境中工作，工作环境使人是否愉快。

（4）任职资格说明

它包括担任此职务的人员应具备的基本资格与条件。如受教育水平、经验、培训、性别、年龄、专业、相关工作经历、身体状况、个性、能力、基本技能等。

六、部门划分

部门是指组织中主管人员为完成规定的任务有权管辖的一个特定的领域。“部门”这个术语在不同的组织有不同的称呼，企业组织称为分公司、部和处；军队用师、团、营、连；政府单位则称部、局、处、科等。部门划分的目的，在于确定组织中各项任务的分配与责任的归属，以求分工合理、职责分明，有效地实现组织的目标。

（一）部门划分的原则

1. 精简原则

组织结构是由管理层次、部门结合而成的。组织结构要求精简，部门必须力求量少，以有效地实现组织目标为前提。

2. 弹性原则

划分部门应随业务的需要而增减。在一定时期划分的部门，没有“永久”性的“商标”，其增设和撤销应随业务工作而定。可设立临时部门或工作组来解决临时出现的问题。

3. 目标原则

其指部门划分应首先确保组织目标的实现。合理划分部门只是一种手段，其目的是能切实保证实现组织目标。

4. 协调原则

协调即部门之间要有良好的配合与协调。组织是一个整体，每个部门都只是整体的一部分，靠单个部门的力量是无法实现组织的整体目标的，因此，部门与部门之间要协调配合。同时，在划分部门时要注意保证部门之间的均衡性，尤其是同一层次上，职权应当相当，这样均衡、明确的分工有利于部门之间的协调、平衡。

5. 执行与监督分离原则

在划分部门时，执行与监督职能应分离开来，不应设在同一部门。也就是说，监督检查人员和执行人员应分属不同的部门，避免两者部门上的一体化，否则，会影响监督效果。

（二）部门划分的方法

组织活动的特征随着目标的不同而千差万别，但大量的实证研究表明，部门划分的标志与方法具有普遍适用性。这些标志与方法主要有以下几个方面：

1. 按人数划分

单纯地按人数多少来划分部门可以说是一种最原始、最简单的划分方法。军队中的师、团、营、连即是用此方法划分的。这种按人数划分部门的方法是抽取一定数量的人在主管人员的指挥下去执行一定的任务。一般来讲，这种划分方法的特点是仅仅考虑人力，因此在现代高度专业化的社会中有逐渐被淘汰的趋势。当然并不排除在现代社会的某些场合，尤其是在基层的部门划分中仍然适用。

2. 按时间划分

这种方法多见于组织的基层。它是在正常的工作日不能满足工作需要时所采用的一种划分部门的方法。例如许多工业企业按早、中、晚三班制进行生产活动，那么部门设置就可能是三个。

3. 按职能划分

按职能划分部门是许多组织广泛采用的一种方法。这种方法是根据生产专业化的原则，以工作或任务的性质为基础来划分部门的，如生产、营销、财务、人事等部门。按职能划分部门的优点在于它遵循分工和专业化原则，因而有利于充分发挥专业职能，使主管人员的注意力集中在组织的基本任务上，有利于目标的实现，同时它简化了训练工作，为上层主管部门提供了进行严格控制的手段。但是这种划分，容易使各职能部门的专业人员产生“隧道视野”，即除了自身领域外，其他什么也看不见，从而给各部门之间的横向协调带来一定的困难。

4. 按地区划分

对于地区分散的组织来说，按地区划分部门是一种比较普遍采用的方法。这种方法是在当组织地理位置分布于不同地区，各地区的政治、经济、文化等因素影响到组织的经营管理时，把某个地区或区域内的业务工作集中起来，委派一位经理来主管其事。其目的是调动各个地区的积极性，从而取得地方化经营的优势效益。这种按地区划分部门的方法，责任下放到基层，有利于改善地区内的协调，取得地区经营的经济效益，同时也有利于主管人员的培养和训练。但是，这种方法的缺点是需要更多的具有全面管理能力的人员，增加了最高主管部门控制的困难，而且地区之间往往不易协调，集中的经济服务工作也不容易进行等。

5. 按产品划分

按产品划分部门是按产品或产品系列来组织业务活动的一种方法。这种按产品划分部门的方法一般能够发挥个人的技能和专长，发挥专用设备的效率，有利于部门内部的协调。同时，它还使各部门的主管人员把注意力集中在产品上，这对产品的改进和发展是十分重要的。但是，这种方法要求更多的人具有全面管理的能力，各产品部门的独立性比较强而整体性比较差。这就加重了主管部门在协调和控制方面的困难。

6. 按服务对象划分

这是一种多用于最高主管部门以下的一级管理层次中的划分部门的方法。它根据服务对象或顾客的需要，在分类的基础上来划分各个部门。这种按服务对象划分部门的方法，最大的优点就是能满足各类对象的要求，社会效益比较好。但按这种方法组织起来的部门，主管人员常常要求给予特殊的照顾，从而使这些部门和按照其他方法组织的各部门之间的协调发生困难。此外，这种方法有可能使专业人员和设备得不到充分的利用。

7. 按设备划分

这也是一种划分部门的基本方法。这种方法常常和其他划分方法结合起来使用。这种划分方法的优点在于能够经济地使用设备，充分发挥设备的效益，使设备的维修、保管以及材料供应等更为方便，同时也为发挥专业技术人员的特长以及为上级主管的监督管理提供了方便。

七、确立层级

（一）管理幅度

1. 管理幅度的含义

管理幅度又称“管理跨度”或“管理宽度”，指的是一名主管人员有效地监督、管理其直接下属的人数是有限的。当超过这个限度时，管理的效率就会随之下降。因此，主管人员要想有效地领导下属，就必须认真考虑究竟能直接管辖多少下属的问题，即管理宽度问题。换句话说，超过了管理宽度时，就必须增加一个管理层次。这样，可以通过委派工作给下一级主管人员而减轻上层主管人员的负担。如此下去，便形成了有层次的结构。但是，上级主管人员减轻这部分负担的同时，也带来了监督下一级主管人员怎样执行的工作负担，而监督也需要时间和精力。所以，增加管理层次节约出来的时间，一定要大于用于监督的时间，这是衡量增加一个管理层次是否合理的重要标准。

2. 影响管理幅度的因素

研究管理宽度问题，首先需要了解影响管理宽度的因素是什么。根据许多管理学家所进行的大量的实证研究，影响管理宽度的因素概括起来主要有以下几个：

(1) 主管人员及其下属双方的素质和能力

凡受过良好训练的下属，不但所需的监督比较少，而且不必时时事事都向上级请示汇报，这样就可以减少与其主管接触的次数，从而增大管理宽度。同样道理，素质和能力均较强的主管人员能够在不降低效率的前提下，比在相同层次、担负类似工作的其他主管人员管辖较多的人员而不会感到过分紧张。

(2) 面对问题的种类

主管人员若经常面临的是较复杂、困难的问题或涉及方向性、战略性的问题，则直接管辖的人数不宜过多。反之，若主管人员大量面临的是日常事务，已有规定的程序和解决方法，则管辖的人数可以多一些。

(3) 工作任务的协调

工作任务相似及工作中需协调的频次较少，则宽度可加大，组织层次也可减少。

(4) 授权

适当的和充分的授权可以减少主管人员与下属之间接触的次数和密度、节约主管人员的时间精力以及锻炼下属的工作能力和提高其积极性。所以，在这种情况下，管辖的人数可适当增加。不授权、授权不足、授权不当或授权不明确，都需主管人员进行大量的指导和监督，效率不会高，因而宽度也不会大。

(5) 计划的完善程度

事前有良好的计划，使工作人员都能明了各自的目标和任务，可减少主管人员指导及纠正偏差的时间，那么管辖的人数就可以多一些，反之则不然。

(6) 组织沟通渠道的状况

组织沟通渠道畅通，信息传递迅速、准确，所运用的控制技术比较有效，对下属的考核制度比较健全，在这种情况下，管理宽度可考虑加大一些。此外，工作对象的复杂性、下属人员的空间分布以及组织的稳定程度等因素也影响着管理宽度。

(二) 管理层次

管理层次是指一个组织设立的行政等级的数目。一个组织集中着众多的员工，作为组织主管，不可能面对每一个员工直接进行指挥和管理，这就需要设置管理层次，逐级地进行指挥和管理。

1. 管理层次的划分

一个组织中管理层次的多少，应具体地根据组织规模的大小、活动的特点以及管理宽度而定。工作量较大且组织规模较大的组织，其管理层次可多些，反之管理层次就比较少。一般说来，大部分组织的管理层次可以分为三层，即上层、中层、下层，也称为战略规划层、战术计划层和运行管理层。对于上层来讲，其主要任务是从组织整体利益出发，对整个组织实行统一指挥和综合管理，并制定组织目标以及实现目标的一些大政方针，故又称为战略决策层或最高经营管理层；中层的主要任务是负责分目标的制定、拟定和选择计划的实施方案、步骤和程序，按部门分配资源协调下级的活动以及评价组织活动的成果和制订纠正偏离目标的措施等，故又称为经营管理层；下层的主要任务就是按照规定的计划和程序协调基层员工的各项工作，完成各项计划和任务，故又称为执行管理层或操作层。

2. 管理层次的确定

管理层次的多少与管理幅度密切相关。管理幅度、管理层次与组织规模存在着相互制约的关系：

管理幅度×管理层次＝组织规模

也就是说，当组织规模一定时，管理幅度与管理层次成反比关系。管理幅度越宽，层次越少，基管理组织结构的形式成扁平型。相反，管理幅度越窄，管理层次越多，其管理组织结构形式越成高耸型。

（三）层级的设计

管理层次与管理宽度有关。较大的宽度意味着较少的层次，较小的宽度意味着较多的层次。这样，按照管理宽度的大小及管理层次的多少，就可形成两种结构：高层型和扁平型。所谓扁平型，就是管理层次少而管理宽度大的结构；而高层型的情况则相反。

1. 高层型组织

高层型组织，又称为“高耸型”或“高架式结构”，是指管理幅度较小，在最高管理层与作业层之间具有较多管理层次的组织结构，其外形特征高而瘦。

高层型组织结构的优点：①有利于管理者控制和监督。高层型组织管理幅度小，每个主管直接管辖的下属的人数较少，有时间和精力对下属进行深入的指导，对工作给予更严密的监督。另外，高层型组织结构非常严谨、周密，从而使得控制工作更加有效，提高了组织的稳定性。②有利于统一指挥。高层型组织由于层级较多，所以上下层级之间制定了森严的等级制度，上级领导的权威性程度较高，垂直的纵向关系十分明晰。这样的纵向关系有利于统一命令指挥。③员工职责分明，分工明确。高层组织有相对严密的工作制度，对组织员工该做什么、不该做什么有较明确的界定，组织成员对自己的职责比较明确。④有利于员工晋升。晋升到更高的职位意味着担当的职责更多、更重要，也更容易施展理想和抱负。它对员工起到褒奖和鼓励的双重作用。管理层次的增多，意味着各级主管职务设置的增多，所以能为下属人员提供较多的晋升机会。

高层型组织结构的缺点：①管理费用较高。由于管理层次较多，管理人员增加，各类办公设备、办公用品、办公经费都会相应增加，势必增加管理支出。由于拉长的上下级联系渠道而造成的管理费用的增加，降低了管理工作的经济性。②信息传递不畅且容易失真。管理层次的增加，会使上下级意见沟通交流受阻，高层管理者依靠直接渠道得到的信息较少，一般都依靠层层的逐级通报制度获取。而信息在逐层传递的过程中因受多层过滤容易失真。③员工缺乏主观能动性和创造性。高层组织中，管理制度比较严密、复杂，下级人员在组织决策等活动中参与程度较低，基本处于服从地位，自主权较小，这容易降低下级成员的满意感和创造力，不利于下级人员工作热情和主观能动性的发挥。④管理协调难度加大。随着管理层次的增加，部门和管理人员增加，彼此间的协调工作量会增加，互相扯皮的事情会层出不穷。

2. 扁平型组织

扁平型组织，其管理幅度较大，而管理层次较少，现代企业组织越来越倾向于采用这种结构。

扁平型组织的优点：①有利于决策和管理效率的提高。在此种结构下，信息沟通与交流速度快，高层管理者和管理人员指导与沟通相对紧密，容易把握市场经营机会，使管理决策快速准确。②有利于组织体制精简高效。③有利于管理人才的培养。组织层次减少，一般管理人员的业务权限和责任必须放大，可以调动下级的工作积极性、主动性和创造性，增强使命感和责任感，有利于提高下级人员的管理能力。④有利于节约管理开支费用。

扁平型组织的缺点：①管理难度加大。随着管理幅度加大，管理层次减少，各基层部门的业务范围扩大，横向协作增多，职能权限相对扩大，使得横向协调和管理的复杂程度提高，从而对管理者的能力和水平提出了更高的要求。②员工晋升的机会减少。扁平组织结构所要求的层级较少，势必导致员工的晋升机会减少。③管理控制难度增大。扁平组织结构所要求的层级较少，管理幅度大大增加，制定稳定而具体的控制标准的难度也随之增大。没有稳定而具体的控制标准，有可能导致管理上的失效、失控。

总之，高层结构和扁平结构都是相对的，组织设计时要尽可能地综合以上两种基本组织结构形态的优势，克服它们的局限性。至于组织究竟是采用扁平型还是高层型组织结构，这要结合组织规模的大小和组织领导者的管理能力等因素，根据组织具体的环境条件来决定。

第三节 组织结构类型

所谓“组织设计”实际上就是指组织结构的设计。组织结构是指表现组织各个部分的排列顺序、空间位置、聚集状态、联系方式以及各要素之间相互关系的一种模式。作为一种组织在职、权、责方面的结构体系，组织结构又可以称为权责结构。组织结构的类型多种多样，且随着组织发展的需要而发展。

一、直线制组织结构

直线制组织结构也叫单线制组织结构，是组织发展初期的简单的组织结构模式。其结构如图 4 - 1 所示。

直线制的特点：组织的高层、中层、基层各管理职位均按垂直系统直线排列，各级行政主管对其下属拥有和行使全部的管理职权，要亲自处理各层次的生产、销售、技术、开发、财务、人事等各项业务工作，没有专设的职能机构和参谋人员来协助。它是高度的一元化领导组织结构。

直线制的主要优点：结构简单；权责明确；指挥统一；联系简洁；决策迅速；管理费用低。主要缺点：容易产生专制，妨碍下属发挥主动性和创造性；主管容易陷入日常行政事务之中，无暇研究与思考组织生存与发展中的重大问题；没有专业化分工，不利于管理水平的提高；当组织活动涉及专业领域较多时，全能型主管会力不从心，影响组织进一步发展。

因此，直线制适用于技术较为简单、业务单纯、人员数量少、规模较小的组织，也可适用于中型组织现场作业管理。

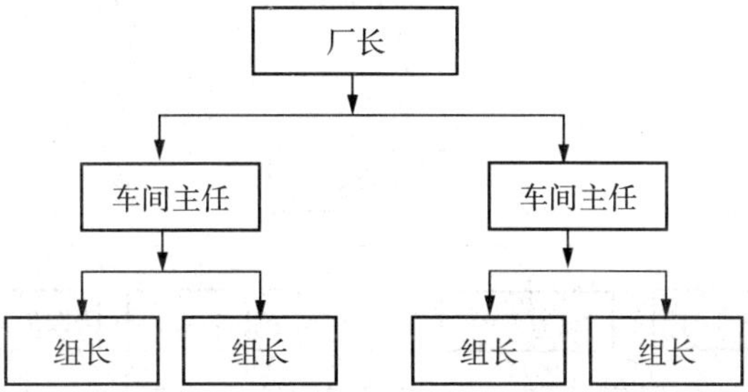

图 4－1 直线制组织结构图

二、职能制组织结构

职能制组织结构也叫多线制组织结构，是“科学管理之父”泰罗首先提出的。其特点：在直线制基础上，再按专业分工设置职能管理部门，且各部门有权在其业务分工范围内向下级发布命令，下属既要服从上级直线主管的指挥，又要服从上级各职能部门的指挥。其结构如图 4－2 所示。

这种结构形式的主要优点：按专业设置职能部门，可以吸收各方面专家参与管理，可以提高管理水平和效率，同时使直线主管腾出精力致力于组织重大问题的研究。其缺点：多头领导，政出多门，破坏了命令统一原则，易造成管理混乱，使下属无所适从；直线主管与职能部门的职责权限难以划分清楚，双方易产生分歧，互相争权夺利，争功诿过；职能部门之间协调困难；管理人员和费用增加。

这种组织结构形式适用于规模不大但任务较复杂需要专业化职能管理的组织。

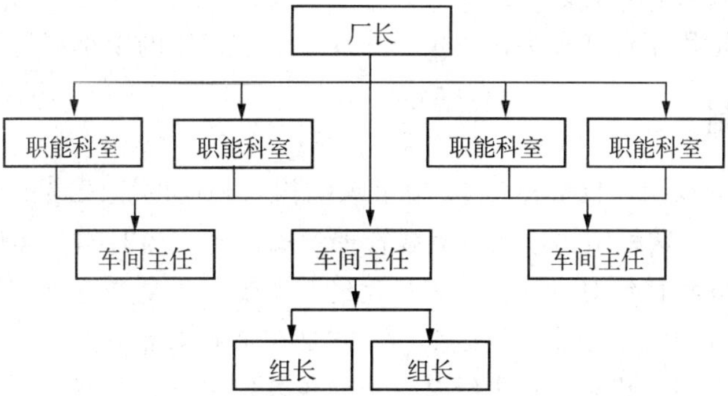

图 4－2 职能制组织结构示意图

三、直线参谋制组织结构

直线参谋制组织结构也叫直线职能制，是受到军队参谋部门作用的启发，为了发挥直线制和职能制的优点克服两者的缺点而提出的一种组织结构形式。其结构如图 4－3 所示。其主要特点：在组织中设置两套管理系统，一是按命令统一原则建立的直线指挥系统，二是按专业分工原则建立的职能管理系统。组织活动由直线主管统一领导和指挥，并负全面的责任。职能部门则设置在各级直线主管之下，分别从事专业管理，是各级直线主管的参谋部门。职能部门所拟定的计划、方案以及有关建议，均应由直线主管批准后下达执行，职能部门对下级主管和下级职能部门无权下达命令、进行指挥。他们只起提供建议、咨询以及业务指导的作用。

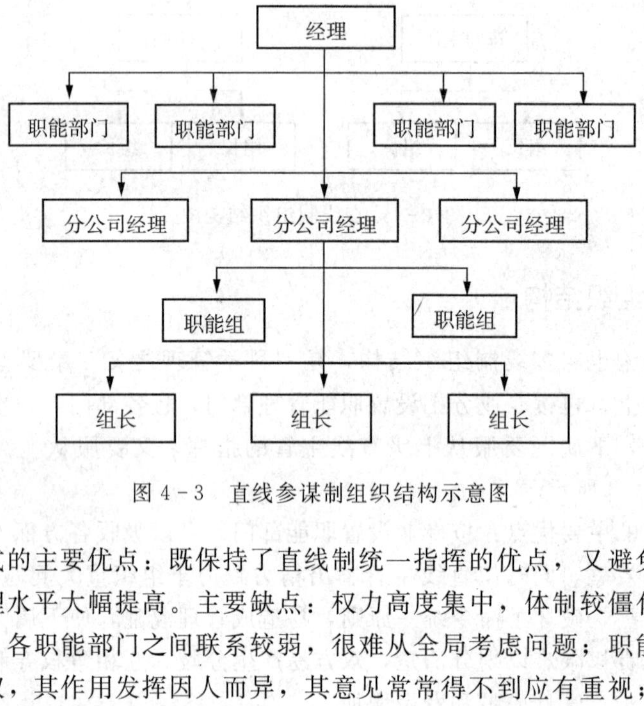

图 4－3　直线参谋制组织结构示意图

这种结构形式的主要优点：既保持了直线制统一指挥的优点，又避免了直线制管理粗放的弊端，使管理水平大幅提高。主要缺点：权力高度集中，体制较僵化，下级积极性和创造性受到压抑；各职能部门之间联系较弱，很难从全局考虑问题；职能部门和人员没有明确的要求和责权，其作用发挥因人而异，其意见常常得不到应有重视；随着组织规模的扩大，直线主管（特别是高层）仍有可能陷入日常事务，而疏于考虑组织长远的发展战略；另外，管理人员较多，管理费用上升。

这种结构形式适用于业务种类比较单一、环境比较稳定的中小型组织。

四、事业部制

事业部制又叫分权制，也被称为 M 型组织结构（相应的直线参谋制、直线职能制被称为 U 型组织结构）。这种结构形式是美国管理学家斯隆（当时担任美国通用汽车公司副总裁）在 20 世纪 20 年代针对企业实行多样化经营所带来的复杂管理问题而提出来的，目前已被欧、美、日等国大型企业所广泛采用。它是在企业总部下面按产品或地区等划分许多事业部，各事业部实行相对的自主经营、独立核算。它的主要特点：企业总部与中间管理层之间进行分权，不同的管理层承担不同的企业功能，为实现企业目标而协调工作，其结构如图 4-4 所示。每个事业部作为利润中心，拥有自己广泛的经营自主权，统一进行产品的设计、采购、生产和销售，就像一个小企业一样自主经营。在各事业部之上的总部负责企业长远发展有关的战略问题、事业部的经理人选以及事业部经营的监督和控制。有些各事业部有共性的功能或资源，可由总部设职能部门负责，各事业部共享，如产品开发，各事业部共性的技术由总部技术中心负责；各事业部共同需要的原材料可由总部原材料采购部门负责，从而降低采购成本等。

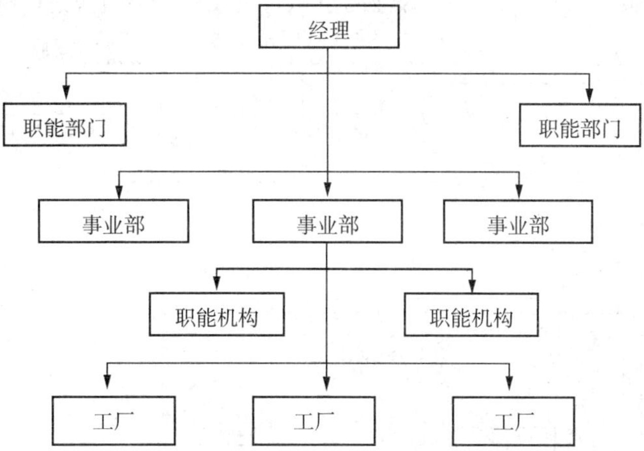

图 4-4 事业部制示意图

事业部制的主要优点：企业能把统一管理、多种经营和专业分工很好地结合起来，总部与事业部的责、权、利关系明确；权力高度下放，使最高管理层从日常行政事务中彻底解脱出来，而专注于企业的整体发展和长远发展，从而既加宽了高层主管所驾驭的范围，又增强了重大决策的科学性和预见性；事业部实行相对的自主经营、独立核算有利于对各事业部的绩效进行考评，也能更好地发挥中下层的积极性和创造性，因为事业部有了自我发展的动力、压力和能力；每个事业部的运作相当于一个小的独立企业，这有利于培养、锻炼高级管理人才。其主要缺点：总部、事业部、工厂各层均设职能机构，容易造成机构重叠，管理人员膨胀，管理费用较高；各事业部独立性较强，考虑问题往往只顾本部的利益而忽视整体利益；事业部之间竞争也使相互协调变得困难等。

事业部制组织结构主要适用于实行多角化经营的大型企业以及面临环境比较复杂多样、地理分布分散的大型企业。

五、矩阵制

矩阵制组织结构由美国航天航空工业部门的一些大公司（洛克希德飞机公司、休斯公司等）于 20 世纪 50 年代创立。它是由按照职能部门化建立的结构和按照产品（或项目）部门化建立的结构重合而成的一个双重结构。其结构如图 4-5 所示。其特点：组织中的每一个成员既隶属于纵向的职能部门，又同时隶属于一个或几个横向的产品单位或项目单位，也就是说矩阵中的成员要接受双重领导：一方面接受项目主管领导，另一方面接受原属职能部门主管的领导。职能部门是固定的组织，而项目小组一般是临时性组织，项目任务完成后，各成员仍回原属职能部门，直到再参加下一个项目小组。

矩阵制的主要优点：灵活应变能力强，这是因为横向的项目小组可以根据需要随时设立、调整或撤销；小组成员来自各职能部门，在项目小组工作中作为某方面专家参与决策的程度较高，从而有利于提高积极性，同时他们有机会学习新知识和技能；有利于人力资源的充分利用；有利于加强部门间的横向联系；有利于最高主管实施分权管理，并将注意力集中于重大的战略性问题。其主要缺点：由于实行纵向和横向双重领导，故一旦处理不当，极易引发项目主管和职能部门主管之间的权力争夺，产生互相推诿、互相扯皮、下属人员左右为难的现象；项目小组是临时性的组织，易使成员产生短期行为。

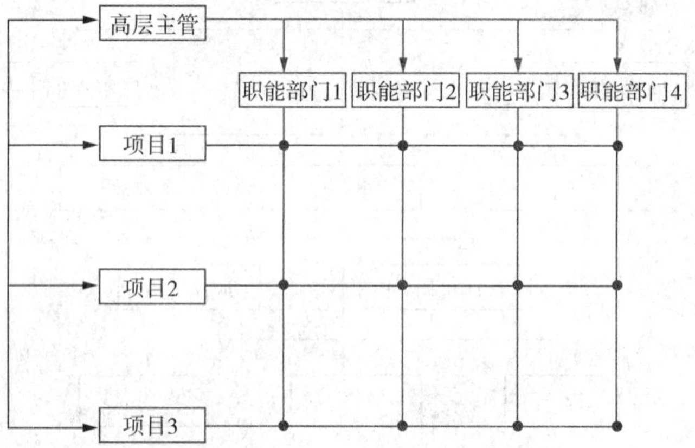

图 4-5　矩阵制示意图

矩阵制的特点决定了这种形式主要适用于某些业务中存在需要集中各方面人员参加的项目的组织。像航天大企业，为了生存和发展，一方面必须大力发展新技术、新材料，开发新的产品；另一方面又要千方百计争取用户，拿到项目。矩阵制就可以将二者较好地结合起来。此外，工程建设企业、大学等组织也可以采用这种组织形式。

六、多维立体制

多维立体制，又称多维立体矩阵制，由美国道科宁化学工业公司于 1967 年首创。它是矩阵制与事业部制结合形成的一种组织结构形式，是系统论在组织结构中的具体应用，如图 4-6 所示。它的特点为有三类主要的管理组织机构或三个中心：一是按产品（或服务、项目等）划分的事业部，是产品利润中心；二是按职能等划分的专业参谋机构，是专业成本中心；三是按地区划分的管理机构，是地区利润中心。在这种体制下，产品事业部与专业参谋机构、地区管理机构共同组成产品指导机构（产品事业委员会），对各类产品的产销活动进行指导。

这种结构形式的主要优点：产品事业部、地区事业部与专业参谋部门任何一方都不能单独作出决定，而必须通过共同的协调才能采取统一的行动，这有利于形成集思广益、信息共享、共同决策的协作关系，有利于提高经营管理效率。其主要缺点：结构形式复杂，对各机构的职责权限划分要求更严格，没有较高的管理水平和组织水平，难以取得实效。

该种组织结构形式适合于规模巨大的跨国公司或跨地区公司。

上面介绍的是几种典型的组织结构形式，是对现实中存在的千姿百态的组织形态所作的抽象概括。现实中的组织一般很少一成不变地按上述典型形式构造组织结构，而是在一

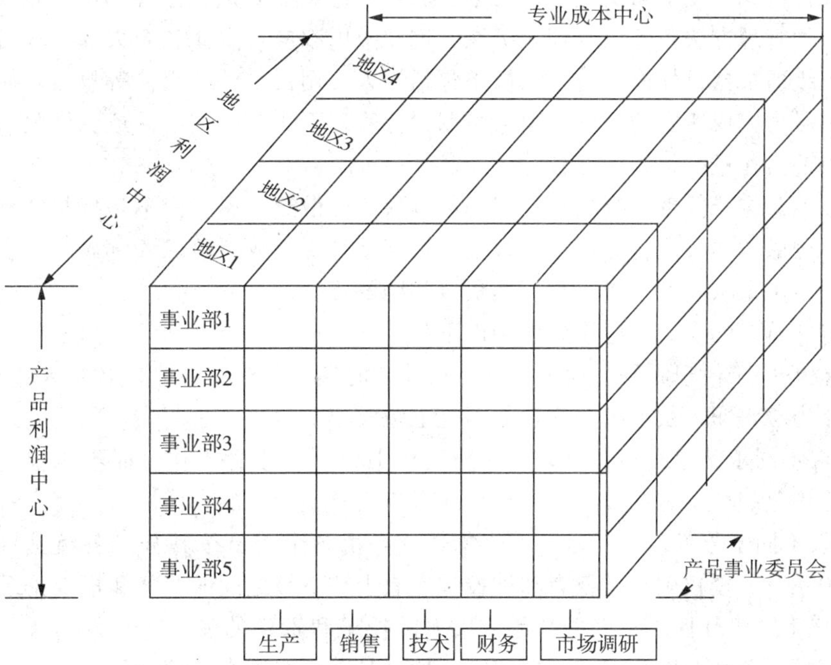

图 4－6 多维立体制组织结构示意图

种典型结构形式的基础上，根据自身条件、战略和环境特点进行改造，形成自己“独特”的组织结构。另外，并没有哪种组织结构是最好的、普遍适用的，组织结构的形式也在不断地创新、发展。

第四节 组织运行

组织运行就是使设计好的组织结构运作起来。在组织的运作过程中，需要进行适度的集权与分权的选择，实行合理的组织授权，完善并保证组织的有效运行，提高组织运行效率。为了使整个组织能够有机运转，不仅要有设计合理的组织结构，而且要选拔合适的人员，建立一系列规范的制度，采取有效的领导方式和激励手段，建立良好的信息沟通渠道，并对组织运行中出现的各种问题进行及时有效的控制等。因此，组织的运行是与管理工作其他职能联系最为紧密的一环。组织运行的内容包括授权和人员配备。

一、授权

（一）授权的含义

所谓授权就是指上级委授给下属一定的权力，使下属在一定的监督之下，有相当的自主权和行动权。授权者对于被授权者有指挥和监督之权，被授权者对授权者负有报告及完成任务的责任。

授权是一个过程。这个过程包括确定预期的成果、委派任务、授予实现这些任务所需的职权以及行使职责使下属实现这些任务。从某种意义上说，目标管理就是授权的一种形式。按照这种管理方法，各级管理人员在一定期限内都应有集体和个人的工作目标。目标制定后，上级即根据目标内容对下级授予包括用人、用钱、对外交涉等权力，使下级能运用这些权力尽力完成所定的目标。上级只用目标管理下级，在期限内或到期限后，用这些目标对下级的工作进行检查和考核。

授权并不意味着授责。授权只是把一部分权力分散给下属，而不是把与“权”同时存在的“责”分散下去。换言之，当一级主管把某几种决策权授给二级部属时，虽然二级部属因而获得该决策权，但一级主管仍然负有相同的责任。

授权有它特定的含义，应注意区别以下问题：

① 授权不同于代理职务。代理职务是在某一时期，依法或受命代替某人执行其任务，代理期间相当于该职，是平级关系，而不是上级授权给他。

② 授权不同于助理或秘书职务。助理或秘书只帮助主管工作，而不承担责任，授权的主管依然应负担全责。在授权中，被授权者应当承担相应的责任。

③ 授权不同于分工。分工是在一个集体内，由各个成员按其分工各负其责，彼此之间无隶属关系；而授权则是授权者和被授权者有上、下级之间的监督和报告关系。

④ 授权不同于分权。授权主要是指权力的授予和责任的建立，它仅指上、下级之间短期的权责授予关系；而分权则是授权的延伸，是在组织中有系统地授权，这种权力根据组织的规定可以较长时期地留在中、下级主管人员手中。

（二）授权应遵循的原则

为了使授权取得良好的效果，应遵循如下原则：

1. 因事设人，视能授权

一切以被授权者的才能大小和知识水平的高低为依据。“职以能授，爵以功授”，这是古今中外的历史经验，两者绝不能混为一谈。“因人设事”“以功授权”必然贻误大事。授权前，必须厘清本单位的工作任务，仔细分析其难易程度，以使职权授予最适合的人选。一旦授予下属职权而下属不能承担职责时，应明智地及时收回职权。

2. 明确责任

授权时，授权者必须向被授权者明确所授事项的任务目标及权责范围。这样不仅有利于下属完成任务，更可避免下属推卸责任。

3. 不越级授权

只能对直接下属授权，不可越级授权。越级授权必然造成中层主管人员的被动以及部门之间的矛盾。

4. 授权适度

授权过少，下属的权力往往过小，下属的积极性便受到挫伤，达不到授权的效果；授权过度等于放弃权力。对于涉及有关组织全局的问题，不可轻易授权，更不可将不属于自己权力范围内的事授予下属。

5. 监督控制

在授权过程中要适度地进行控制。有效的主管人员在实施授权前，应先建立一套健全的监督控制制度、制定可行的工作标准和适当的报告制度以及能在不同的情况下迅速采取补救的措施。

6. 职、责、权、利相当

在授权中要注意职务、权力、职责与利益四者之间的对等与平衡，要真正使受权者有职、有权、有责、有利，要注意授权成功后的合理报酬的激励作用。

（三）授权的过程

1. 任务的分派

任何一个组织，其成员按照岗位的要求都应承担一定的职责，这是实现组织目标的客观需要。有时由于某种原因，部门主管需要把一些有待解决的问题交给下级去完成，这就需要主管根据下级的能力、任务的性质以及其他一些条件，把该任务分解，交给下级去完成，这个过程就是任务的分派。

2. 权力的委任

委任是授权人将权力委任给被授权人，由他代替授权人采取行动。

3. 责任的确立

下级接受了职责并得到了相应的权力，就有责任去完成所承担的工作任务，其责任主要表现在两个方面：一是下级应尽其所能完成自己所接受的任务；二是下级必须为完成任务而向授权人承担责任。

4. 监控权的确认

授权不等于放权，授权人授予被授权人的只是代理权，而不是所有权。授权人应明白自己对授予下级完成的任务执行情况负有最终责任，应对被授权人拥有监控权，并根据检查情况，调整所授权力或收回权力。

二、集权与分权

（一）集权与分权的含义

集权是指将决策权集中在上级，下级部门和机构只能依据上级的决定和指示行事；分权是指上级将决策权分配给下级部门和机构，使其能够自主解决一些问题。

集权与分权是相对的概念，不存在绝对的集权和分权。绝对的集权，意味着没有下层管理者；绝对分权意味着没有上层的主管人员。实际上这两种组织结构都是不存在的。有层次的组织的建立，就已经存在着某种程度的分权。为使组织结构有效地运转，还必须确定分权的程度应该是怎样的。

（二）集权与分权的标志

一般说来，集权和分权的程度，常常根据各管理层次拥有的决策权的情况来衡量。

① 决策的幅度。下级决策范围越广，分权程度就越高；反之，集权的程度就越高。

② 决策的重要性。较低管理层次作出的决策重要性越大，分权程度越大；相反，若下级作出的决策无关紧要，则集权程度较高。

③ 决策的频度。下级所作出决策的频度或数目越大，分权的程度越大。

④ 决策的审核。组织中较低层次作出的决策，上级要求审核的程度越低，分权程度越高；如果作出的决策，上级要求审核的程度越高，分权程度越低。

（三）影响集权和分权程度的因素

集权和分权的程度是依据条件的变化而变化的。影响集权和分权程度的因素如下：

① 决策的代价。决策付出的代价的大小，是决策集权与分权程度的主要因素。对于

较重要的决策、耗费较多的决策，由较高管理层作出决策的可能性较大。因为重大决策的正确与否责任重大，往往不宜授权。

② 政策的一致性要求。组织内部执行同一政策，集权的程度较高。

③ 组织规模。组织规模大，决策数目多，协调、沟通及控制不易，宜于分权；相反，组织规模小，决策数目少，分散程度较低则宜于集权。

④ 组织历史。若组织是由小到大扩展而来，集权程度较高；若组织是由联合或合并而来，分权的程度较高。

⑤ 管理哲学。主管人员的个性与所持的哲理影响权力的分散程度。

⑥ 主管人员的数量和管理水平。主管人员数量充足，经验丰富，训练有素，管理能力较强，则可较多地分权；反之应趋向集权。

⑦ 高层管理者的管理水平与控制能力。高层管理者的管理水平较高、控制能力较强时，宜采用集权管理；反之，宜采用分权管理。

⑧ 分散化的绩效。权力分散化后的绩效如何，将会影响职权的分散与否。

⑨ 组织的动态特性及职权的稳定性。组织正处于迅速发展中，要求分权。原有的、较完善的组织或比较稳定的组织，一般趋向集权。有些问题的处理有很强的时间性，而且要随机应变，权力过于集中容易贻误时机，处理此类事项的权力应当分散，以便各管理环节机动灵活地解决问题。

⑩ 组织外部环境。外部环境变化较大时且较复杂时，宜采用集权管理。外部环境变化较小且简单时，宜采用分权管理。正如戴尔写道："困难时期和竞争加剧可能助长集权制。"

三、职权类型及关系处理

（一）职权类型

职权是指由于占据组织中的职位而拥有的权力。与职权相对应的是职责，是指担当组织职位而必须履行的责任。职权是履行职责的必要条件与手段，职责是行使权力所要达到的目的。在组织内，最基本的信息沟通是通过职权关系来实现的。通过职权关系上传下达，使下级按上级命令行事，上级得到及时反馈信息，进行有效的控制，作出合理的决策。组织内的职权有三种：直线职权、参谋职权与职能职权。

1. 直线职权

直线职权是直线人员所拥有的包括发布命令及执行决策等的权力，也就是通常所指的指挥权。直线主管指能领导、监督、指挥、管理下属的人员。很显然，每一管理层的主管人员都应具有这种职权，只不过每一管理层次的功能不同，其职权的大小及范围各有不同而已，例如厂长对车间主任拥有直线职权，车间主任对班组长拥有直线职权。这样，从组织的上层到下层的主管人员之间，便形成一条权力线，这条权力线被称为指挥链或指挥系统。

在这条权力线中，职权的指向由上而下。由于在指挥链中存在着不同管理层次的直线职权，故指挥链又叫层次链。通过指挥链的信息传递，由上而下或由下而上地进行，所以，指挥链既是权力线，又是信息通道。在这个指挥链中，职权关系有两条必须遵循的原则。

（1）分级原则

每一层次的直线职权应分明，这样才有利于执行决策职责和信息沟通。超越层次，越俎代庖，下级人员失去积极性、主动性，这是违背分级原则的。

（2）职权等级原则

作为下级，应该“用足”自己的职权，在自己职权范围内作出决策，只有当问题的解决超越自身职权界限时，才可提交给上级。

2. 参谋职权

参谋职权是参谋所拥有的辅助性职权，包括提供咨询、建议等。例如在“田忌赛马”的故事中，孙膑为田忌献策而胜齐威王，孙膑所行使的即为参谋职权。

参谋的种类有个人与专业之分。前者即参谋人员。参谋人员是直线人员的咨询人，他协助直线人员执行职责。专业参谋，常为一个单独的组织或部门，就是一般的“智囊团”“顾问班子”。专业参谋部门的出现，是时代发展的产物，它聚合了一些专家，运用集体智慧，协助直线主管进行工作。

3. 职能职权

职能职权是指参谋人员或某部门的主管人员所拥有的原属直线主管的那部分权力。在纯粹参谋的情形下，参谋人员所具有的仅仅是辅助性职权，并无指挥权，但是，随着管理活动的日益复杂，主管人员不可能是完人，也不可能通晓所有的专业知识，仅仅依靠参谋的建议还很难作出最后的决定，这时，为了改善和提高管理效率，主管人员就可能将职权关系做某些变动，把一部分本属自己的直线职权授予参谋人员或某个部门的主管人员，这便产生了职能职权。

职能职权大部分是由业务或参谋部门的负责人来行使的，这些部门一般都是由一些职能管理专家所组成的。例如，一个公司的总经理统揽全局管理公司的职权，他为了节约时间，加速信息的传递，就可能授权财务部门直接向生产经营部门的负责人传达关于财务方面的信息和建议，也可能授予人事、采购、公共关系等顾问一定的职权，让其直接向直线组织发布指示等。由此可以看出，职能职权是组织职权的一个特例，可以认为它介于直线职权和参谋职权之间。

（二）三种职权关系的处理

直线职权与参谋职权本质上是一种职权关系，而职能职权介于直线职权与参谋职权之间。在管理工作中，应正确处理好这三种职权之间的关系。

1. 注意发挥参谋职权的作用

从直线职权与参谋职权的关系看，参谋是为直线主管提供信息，出谋划策，配合主管工作的。此外，发挥参谋作用，应注意以下两点：

① 参谋应独立提出建议。参谋人员多是某一方面的专家，应让他们根据客观情况提建议，而不应该左右他们的建议。

② 直线主管不为参谋左右。参谋应多谋，直线应善断。直线主管可广泛听取参谋的意见，但要切记，直线主管是决策者。

2. 适当限制职能职权

限制职能职权的使用，就要做到以下两点：

① 限制使用范围。职能职权的动用常限于解决“如何做”“何时做”等方面的问题，

若无限地扩大到“在哪儿做”“谁来做”“做什么”等方面的问题，就会取代直线人员的工作。

② 限制使用的级别。职能职权不应越过上级下属的第一级，如人事科长或财务科长的职能职权不应越过生产经理这一级。

四、人员配备

（一）人员配备的含义

人员配备是指根据组织结构中所规定的职务的数量和要求，对所需人员进行恰当而有效的选择、考评和培训，其目的是配备合适的人员去充实组织中的各项职务，以保证组织活动的正常进行，进而实现组织的既定目标。

（二）人员配备的重要性

组织中任何一项管理职能的实施、任何一项任务或工作的完成都是经由人来进行的，可以说，人是组织目标实现的直接推动力。因此，组织结构中各个职位的人员配备是每一个组织都十分关心的问题，因为它直接关系到组织的活动是否有效、组织目标能否实现。

1. 人员配备是组织有效活动的保证

对于一个组织来说，组织目标的确定为组织活动明确了方向，组织结构的建立又为组织活动提供了实现目标的条件。但是，再好的组织结构，如果人员的安排不合理，那么这个组织结构也是不能发挥正常功能的。人员配备不适当不但会导致组织结构不能成为实现组织目标的保证，而且还会干扰组织的有效活动，阻碍和破坏目标的实现。因此，人员配备工作的好坏，直接影响到组织活动的成效。

在人员配备中，主管人员的配备无疑更具重要性。主管人员是组织中对他人及其工作负责的管理人员，他们的基本任务是设计和维持一种环境，使身处其间的其他成员能在组织内一起工作，以完成预期的任务和目标。

2. 人员配备是做好指导与领导以及控制工作的关键

人员配备职能不是孤立的，从管理是一个系统的观点来看，它以计划工作和组织工作为前提，是计划工作与组织工作的人员落实，又为指导与领导工作以及控制工作奠定了一定的基础。人员配备就管理系统而言，它也是一项关系其他职能能否高质量实施的重要部分。

3. 人员配备是组织发展的准备

组织发展是对于组织内外环境的变化而作出的反应。一个组织只有不断地发展，不断地获得新的生命力，才能适应内外环境的变化而立于不败之地。因此，人员配备作为专门从事充实组织结构中的各种职位，同组织发展的关系极为密切，它是一项动态的职能，不仅要进行目前所需的各种人员的配备，而且还要着眼于组织未来发展的需要，为将来在复杂多变的环境中从事组织活动所需的各类人员做好准备。

（三）人员配备的任务、程序和原则

1. 人员配备的任务

① 招聘合适的人选。为组织各部门招聘合适的人选是人员配备的首要任务。它根据岗位工作需要，经过严格的考察和科学的论证，找出或培训为自己所需的各类人员。

② 促进组织结构的有效发挥。只有使人员配备尽量适应各类职务性质需求，从而使

职务应承担的职责得到充分履行，组织设计的要求才能实现，组织结构的功能才能发挥出来。

③ 充分开发组织人力资源。人力资源在组织各资源要素中占据首要地位，是组织最重要的资本。在现代市场经济条件下，组织之间的竞争实质是人才的竞争，而竞争的成败在很大程度上取决于人力资源的开发程度。

2. 人员配备的程序

人员配备一般经过下列几个步骤：

① 制订用人计划。使用人计划的数量、层次和结构符合组织的目标任务和组织机构设置的要求。

② 确定人员的来源。即从外部招聘还是从内部重新调整。

③ 对应聘人员根据岗位标准要求进行考察，确定备选人员。

④ 确定人选，必要时进行岗前培训，以确保能适用于组织需要。

⑤ 将所定人选配置到合适的岗位上。

⑥ 对员工的业绩进行考评，并据此决定员工的续聘、调动、升迁、降职或辞退。

3. 人员配备的原则

(1) 用人之长原则

最合适的人选，并不是指那些各方面都完美无缺的人，而是相对于某个特定的职务来看候选人的长处适合于这个选定的职务。因此，在进行人员配备时，要尽量知人善任，扬长避短，各得其所，各遂其志，人尽其才，才尽其用。

(2) 公开竞争原则

只有进行公开竞争，组织才能选到最合适的人选，因此，在人才合理流动的前提下，组织应鼓励组织内外的能人进行公开竞争，这对组织有效地进行人员配备具有极其重要的意义。

(3) 责权利一致原则

只有使主管人员的责权利相一致，才能使主管人员竭尽全力地完成组织赋予的使命，真正发挥主管人员的作用，从而避免“有职无权，职责不明”的现象。

(4) 因事择人原则

因事择人就是员工的选聘应以职位的空缺和实际工作的需要为出发点，以职位对人员的实际要求为标准，选拔、录入各类人员，不能“因人设岗”。

(5) 任人唯贤原则

任人唯贤原则要求选拔任用人才时要坚持德才兼备、以德为先的原则。

(6) 量才使用原则

要根据每个人的能力大小安排适合的工作岗位，使其聪明才智得到充分发挥。

五、人员配备的内容

人员配备的内容包括员工招聘、员工培训和员工考核等方面。

(一) 员工招聘的含义及标准

1. 含义

员工招聘是指组织及时寻找、吸引并鼓励符合要求的人到本组织中任职和工作的过程。

2. 管理人员选聘标准

(1) 管理的欲望

强烈的管理欲望是有效进行管理工作的基本前提，对于成功的管理者而言，担任管理工作，意味着可以利用所赋予的权力去组织他人劳动，并通过他人劳动来实现自己制定的、符合组织目标的决策，从而获得心理上的满足。

(2) 正直的品质

正直是组织中每个成员都应具备的基本品质，主管人员尤其如此。由于担任管理职务，具有一定权力，而组织对权力的运用，往往难以有效监督，所以，客观上就要求主管人员必须具备正直的品质，对上级敢于提出自己的观点，对下属一视同仁。

(3) 冒险的精神

管理不但要执行上级命令，维持系统正常运转，而且要不断创新，只有不断创新，组织才能充满活力、不断发展。创新就要敢于冒险，具有冒险精神，是对所有管理人员的共同要求。

(4) 管理的能力

管理能力指完成管理活动的本领，由于能力是在实践中形成和发展的，因此必须从主管工作中认识问题、分析问题和解决问题的表现来评价其管理能力。主管选拔重点应在候选人的管理能力上，而不是放在个人素质或知识结构上。

(5) 沟通的技能

成员相互理解是组织成功的基本保证，主管需要别人理解自己，同时也要理解别人。作为主管既要正确理解上级意图，又要准确地向下属布置工作。

3. 人员选聘的渠道、程序和方法

(1) 人员选聘的渠道

人员选聘的渠道主要包括内部选聘和外部选聘两种方式。

内部选聘是指从组织内部提拔那些合格人员去充实组织的空缺职位。优点包括：①有利于鼓舞士气，调动组织成员积极性；②有利于保证选聘工作的正确性；③有利于被聘者迅速开展工作。缺点包括：①当组织空缺职位较多时，易发生“人才短缺”情况；②引起同事不满，影响没有被提升者的工作积极性；③会造成“近亲繁殖”。

外部招聘是指从组织外部设法选拔符合组织要求的主管人员。优点包括：①能招聘到一流人才，节省培训费用；②有利于缓和同事竞争造成的紧张关系，能给组织带来新鲜空气。缺点包括：①外聘人员适应工作需一定的时间；②组织对应聘者的情况不能深入了解；③内部人员失去信心。

(2) 人员选聘的程序

当选聘过程在组织内实施时，其主要程序一般如下：

① 负责人员配备的主管人员和人事部门，根据组织的主管人才储备意图和组织外部的应聘者初步筛选出候选人的名单。

② 获取有关的参考资料。候选人参考资料的获得有两条途径：一是从候选人的申请表中获得，亦可从候选人的档案以及推荐信、证明书、工作鉴定等一些他人提供的资料中获得；二是面谈，面谈可以获得许多候选人的直接的第一手材料，例如仪表举止、表达能

力、思维是否敏捷、反应是否灵活等。面谈可以举行一次，也可举行多次，以便进一步了解情况。面谈的内容一般可以分为三类，即事先拟定的、半拟定的和未拟定的。

③ 举行测验。进一步了解候选人各方面的素质和能力。通常的测验有四大类：第一类是智力测验，目的是衡量候选人的记忆力、思考的速度和观察复杂事物相互关系的能力；第二类是熟练程度和才能测验，目的在于发现候选人的兴趣所在、现有的技能以及进一步掌握技能的潜力和能力；第三类是业务测验，目的是发现候选人最适宜担任的职务；第四类是个性测验，目的是衡量候选人在管理才能方面的潜力。

④ 体格检查。

⑤ 上级主管批准。

（3）人员选聘的方法

① 初选。内部候选人的初选可以根据以往人事考评记录来进行，外部应聘者则需要通过简短的面谈，尽可能多地了解每个申请人的工作经历及其他情况，观察他们的性格、气质，及时排除那些明显不符合基本要求的人。

② 智力和知识测试（笔试）。通过考试的方法测评候选人的基本素质。智力测试的目的是通过候选人对某些问题的回答，测试他的思维能力、记忆能力、应变能力和观察分析复杂实物的能力等。知识测试是要了解候选人是否具备待聘职务所要求的基本技术知识和管理知识，缺乏这些基本知识，候选人将无法进行正常工作。

③ 竞聘演讲与答辩（面试）。这是对知识与智力测试的一种补充。测试可能不足以反映一个人的素质全貌，不能完全表明一个人运用知识和智力的综合能力。竞聘演讲，介绍自己任职后的计划和远景，并就选聘工作人员或与会人员的提问进行答辩，可以为候选人提供充分展示才华、自我表现的机会。

（4）选聘过程中应注意的问题

在选聘过程中，除了要牢记以上人员配备的原则之外，还有一些问题需要给予充分的注意。这些问题主要是：

① 选聘的条件要适当。在主管人员的选聘工作中，选聘的依据或条件很多，这些依据或条件犹如一排排有序的栅栏，合格的候选人可能顺利地通过每一栅栏，通不过的候选人便要被淘汰。栅栏的个数越多，花的时间就越长，费用也越高，候选人通不过的机会也就越多。同时，栅栏定得越高，通不过的候选人也就越多。如果所有的候选人都通不过栅栏，将意味着整个选拔过程的失败；反之，如果栅栏定得太低，所有的候选人都可通过，则其结果也毫无意义。因此，决定选聘的依据和条件，一定要切实根据组织的目标和这一目标对人员配备职能的要求，根据所需配备人员的职位的性质、根据该职位对候选人的要求等来客观地设计，这样才能既不浪费大量的时间、精力和费用，又能够得到组织所需的合适的主管人员。

② 对选拔人员的要求。不同的主持选拔的人员可能对同一个候选人有不同的看法。因此，为了保证评价与选拔的客观性和准确性，具体主持选拔的人员自己应该首先具有较高的素质和能力，并且还要具有伯乐的慧眼，这样才能既做到对候选人不偏不倚，评价公正客观，又能慧眼识真才，从而为组织选聘到一流的人才。

③ 要注意候选人的潜在能力。有些人在担任现职工作时干得不错，但当被提升到高一级职位时，就显得不能胜任了。按照“彼得原理”的说法，如果一个主管人员在其职位

上有成就，那么正是这种成就导致他提升到更高的地位，以致这人终于“被提升过头”。出现上述的现象，显然是危险的。但是，若不这样步步提升，也可能出现另一种情况，那就是主管人员的才能可能得不到充分发挥。因此，这里就有一个正确估计候选人潜在能力的问题，只有既考察他在现有职位中表现的才能高低，又考察他有无胜任更高一级工作的潜能，我们才能既避免那种“提过头”的危险，也不至于浪费人才。

④ 要敢于大胆起用年轻人。在主管人员的选聘和利用上，要根据德才兼备的标准，大胆地提拔年轻人，这对一个组织是不是充满活力，尤其是对组织的发展，是有非常重要的战略意义的。一般来讲，德才兼备的年轻人保守思想少，接受新思想、新观念、新技术、新方法既快也多，他们思维敏捷、精力充沛，是组织生存与发展的不可缺少的力量。因此，既然起用年轻人的意义如此重大，那么在主管人员的选聘过程中，就要有意识地大胆提拔他们，使用他们，重点培养他们，使他们在重要的岗位上尽快地成为更成熟、更富有经验的优秀的主管人才。

（二）员工培训

1. 员工培训的目标

员工培训是指组织通过对员工有计划、有针对性的教育和训练使其能够改进目前知识和能力的一项连续而有效的工作。培训旨在提高员工队伍的素质，促进组织的发展，实现以下四个方面的具体目标：

（1）补充知识

科学技术的不断进步，人们知识老化的速度不断加快，为了防止组织中各层级人员工作技能的衰退，组织必须对员工进行不断的培训，使他们掌握与工作有关的最新知识和技能。这些知识和技能，虽然可以在工作前的学校教育中习得，但更应该在工作实践中不断地加以补充和更新。

（2）发展能力

员工培训的主要目的便是根据工作的要求，努力提高他们在决策、用人、激励、沟通、创新等各方面的综合能力。特别是随着工作的日益复杂化和非个人行为化，改进组织内部人际关系能力要求不断提高，这使得组织内外合作的培训变得愈发重要，这也是衡量组织竞争力的重要体现。

（3）转变观念

每个组织都有自身特有的文化价值观念和基本行为准则。员工培训的重要目标就是要通过对组织中各个成员特别是对新聘管理人员的培训，使他们能够根据环境和组织的要求转变观念，逐步了解并融于组织文化之中，形成统一的价值观念，按照组织中普遍的行动准则来从事管理工作，与组织目标同步。

（4）交流信息

组织培训员工的基本要求是要通过培训加强员工之间的信息交流，特别是使新员工能够及时了解组织在一定时期内的政策变化、技术发展、经营环境、绩效水平、市场状况等方面的情况，熟悉未来的合作伙伴，准确而及时地定位。

2. 管理人员培训的方法

（1）理论培训

理论培训是提高主管人员管理水平和理论水平的一种主要方法。这种培训的具体形式大多采用短训班、专题讨论会等，时间都不很长，主要是学习一些管理的基本原理以及在某一方面的一些新的进展、新的研究成果，或就一些问题在理论上加以探讨等。理论培训有助于提高受训者的理论水平，有助于他们了解某些管理理论的最新的发展动态，有助于在实践中及时运用一些最新的管理理论和方法。

（2）工作轮换

工作轮换包括管理工作轮换和非管理工作的轮换。非管理工作的轮换是根据受训者个人经历，让他们轮流在公司生产经营的不同部门和岗位上工作一段时间，以熟悉公司的各种业务。管理工作轮换是在提拔某个管理人员担任较高层次的职务之前，让他先在一些较低层次的部门工作，以积累不同部门的管理经验，了解各管理部门在整个公司中的地位、作用及其相互关系。

工作轮换作为培养管理技能的一种重要方法，不仅可以使受训人丰富技术知识和管理能力，掌握公司业务管理的全貌，而且可以培养他们的协作精神和系统观念，使他们明确系统和各部分在整体运行和发展中的作用，从而在解决具体问题时，能自觉地从系统的角度出发，处理好局部与整体的关系。

为了有效地实现工作轮换的目的，要对受轮换训练的管理人员提出明确的要求，并据此对他们在各部门工作期间的表现严格考核，以防止他们产生“做客”“体验生活”的思想，从而在各部门匆匆而过，不能很好地利用这种机会。

（3）设置助理职务

让被培训者担任一些较高管理层次的助理职务，可让他们接触较高层次的管理事务，并通过处理有关事务，积累管理经验，熟悉高层管理工作的内容和要求，并可学习主管处理问题的方法，吸收其优秀的管理经验，从而促进助理的成长。此外，培训组织者能更好地了解助理的管理能力。通过让助理单独主持某项重要工作来观察他的组织能力和领导能力，从而决定是否有必要继续培养或是否有可能予以提升。

（4）临时职务

让受训者临时担任某个职务，可使受培训者进一步体验高层管理工作，并通过这种实际锻炼，迅速提高他的管理能力，设立代理职务，不仅是一种培训管理人员的方法，而且可帮组织进行正确的提升，也防止了“彼得现象”。

彼得描述的是这样一种事实：某个人被提拔担任管理工作后，任职初期由于缺乏经验，只能表现平平。但随着工作时间的延长，管理经验不断丰富，能力不断提高，从而业绩不断改善。如果说初期其能力与成绩仅勉强符合职务要求水平，那么现在可能远超过职务要求的水平。这时，组织可能考虑将其进一步提升。提升后可能经历与前类似的过程，即逐渐从“表现平平”到“超越职务需要”，这样可能再度获得晋升。如此延续，直至其被晋升到某个高层次的职务后，能力无法继续提高，业绩不能继续改善，甚至不符合职务要求，工作表现在职务要求“水平以下”，即彼得所谓的“爬到了能力所不及的阶层”。此时，对个人而言，失去了继续晋升的机会，对组织而言，则会引起效率滑坡。

（5）研讨会

研讨会是指各有关人员在一起对某些问题进行讨论或决策。通过举行研讨会，组织中的一些上层主管人员与受训者一道讨论各种重大问题，可以为他们提供一个机会，观察和学习上级主管人员在处理各类事务时所遵循的原则和具体如何解决各类问题，取得领导工作的经验。同时，也可以通过参与组织一些大政方针的讨论，了解和学习利用集体智慧来解决各种问题的方法。

(6) 辅导

辅导对于负责培训的上级主管人员来说是一种常规的培训方法。这也就是我们通常说的“传、帮、教”。辅导要着重注意培养受训者的自信心和独立工作的能力，培养他们在处理人、财、物、时间、信息等方面的管理技巧。需要注意的是，上级主管人员对辅导对象，既不能老是不放心，总是扶着、挽着，也不能撒手不管，听其自然，而应时时处处关心他们、提醒他们，帮助他们认识和克服自己的不足之处；发挥他们的特长，使之形成自己的一套管理和领导风格。

除了以上介绍的六种方法之外，还有许多具体的方法，例如参观考察、案例研究、深造培训等。总之，各类各级组织在具体的培训工作中要因地制宜，根据自己组织的特点以及所培训人员的特点来选择合适的方法，使培训工作真正取得预期的成效。

(三) 人员的考核

1. 管理人员考评的意义

考评主管人员的工作绩效，对一个组织来说是非常必要的。其必要性主要表现在以下几个方面：

(1) 通过考评可以了解主管人员的工作质量

对各级主管人员进行经常的考评，及时了解他们的管理活动是否紧紧围绕组织目标而开展，了解他们在管理工作质量方面的具体成效，这是确保主管人员进行有效管理的一项重要手段。

(2) 考评是选拔和培训主管人员的需要

通过考评，建立起有关主管人员的文字档案，据此给出主管人员储备图，作为选拔主管人员的依据。考评又是对主管人员进行培训的依据，是对他们进一步培训的基础。此外，考评也是检查培训效果的唯一工具。培训的内容一般包括政治、业务知识、管理能力等许多方面。考评是保证培训工作确有成效的不可缺少的一个重要环节。

(3) 考评是完善组织工作和协调主管职位人员的需要

通过考评，可以发现组织工作中的问题，从而采取必要措施，完善组织工作，保证组织工作的有效性；通过考评，可以及时调整主管职位上的主管人员，促使组织及时发现不称职的主管人员，并予以淘汰，从而使每一主管职位都由有真才实学的、称职的主管人员去担任。

(4) 考评是奖励的合理依据

对在工作上做出成就的人及时奖励，会给人们的行动起到增强的作用，这是众所周知的最有力的激励因素。奖励的直接依据就是考评，只有通过对主管人员工作的准确的考核和评价，才有可能真正起到鼓励先进、鞭策后进的作用。而且，对主管人员的考评也只有和奖励制度紧紧结合起来，才能使考评工作切实有效。

2. 管理人员考评的要求

做好考评工作，明白对考评工作本身的要求很重要，因为它直接关系到考评结果的质量。主要的要求有：

(1) 考评指标要客观

考评，是以考评的内容为基础的，在内容的基础上，需要设计一系列指标，才能具体地衡量主管人员在各方面的工作绩效。指标设计的重要标准之一就是客观。要做到考评指标客观：

① 指标的含义要准确、具体，不能含糊不清，更不能用一些抽象的概念来作为衡量的标准。在实际工作中，许多组织在考评指标方面存在这样的问题。

② 指标尽可能定量化。考评指标可以分为定性指标和定量指标。在目前，考评指标中的定性指标较多一些，这是因为对人的考评不可能像对物一样容易定量。但即使如此，我们还是要尽可能地将定性指标给予科学的量化，以避免定性指标的较大程度上的主观随意性的缺点。指标的定量化，使一些数学方法得以运用到对人的考评之中，增加了考评工作的科学性和准确性。

(2) 考评方法要可行

方法可行是指考评的方法要为人们所接受并能长期使用，这一点对考评是否能真正取得成效是很重要的。方法的可行与否，同方法本身的难易繁简有很大关系。要做到方法可行，要求是：

① 考评项目要适中，既不要大多，过于繁杂；也不要太少，达不到全面考评的要求。应根据各层次不同主管人员所在职位的重要性来确定。

② 考评的结果要客观可靠，使人信服，这也是方法可行的一条重要要求。否则的话，不但起不到考评的积极作用，反而会产生消极作用。

③ 要明确所采用的方法的目的与意义。人们只有了解了所采用方法的真正意义，才会接受它并自觉地配合，不会使之流于形式。美国管理学家迈乐斯·梅西曾在《管理学概要》中指出："马马虎虎地、随随便便地填写鉴定表，比没有鉴定制度更具有潜在的危险性，因为这会无可挽回地损害一个人的一生事业，因为错误的管理决策是由于基本情况失实所致。"

(3) 考评时间要适当

考评时间这个问题不可能有一个整齐划一的界限，因为组织内处于不同层次、不同职务的主管人员，他们的活动和要求以及与上下左右的关系等都不一样。因此，考评的时间也不可能相同。但是，考评时间的确定应该是预先有所规定。

当前，由于环境变化发展速度非常快，国外目前有一种增加对人员的考评次数的倾向。这样做是为了尽可能多地获得有关人员的资料，把它们作为人事管理的基础。同时，上级较多地进行人员考评工作，也有助于他们克服主观成见，增加对下级的了解。

(4) 考评结果要反馈

考评的结果应该告诉被考评者，这是为了使被考评者能够及时知道自己的优缺点，知道自己在哪些方面做得比较好，在哪些方面还有欠缺，以便在今后的工作中发扬长处，克服不足。此外，反馈也可促使被考评者通过别人的考评对自己有一个正确的评价。

当然，考评结果的反馈需要较高的信息沟通技巧。一般来说，对一个人的评价既有优点也有缺点，优点的信息比较容易传递，而缺点的信息就不太容易传递。因此，在考评结果的反馈中，一定要讲究沟通艺术，注意方式方法，使反馈能真正起到它应有的作用。

3. 管理人员考评的内容

管理考评的内容主要包括以下方面，即德、能、勤、绩及个性的考核。

① 德。包括政治思想、工作作风、社会道德及职业道德水平等方面。

② 能。指管理人员从事工作的能力，包括体能、学识、智能和技能等内容。

③ 勤。指管理人员的积极性和工作中的表现，包括纪律、干劲、责任心、主动性等。

④ 绩。指管理人员的工作效率及效果。

⑤ 个性。指一个管理人员在思想、性格、品质、意志、情感、态度等方面不同于其他人的性质，这个性质表现于外就是他的语言方式、行为方式和情感方式等。

4. 管理人员考评的方式和方法

(1) 考评的方式

考评可以分为自我考评、上级考评、同事考评和下级考评四种方式。

① 自我考评。自我考评就是主管人员根据组织的要求定期对自己工作的各个方面进行评价。这种方式有利于主管人员自觉地培养和提高自己的政治素质、业务水平和管理能力，增强工作的责任感，其评价结果还可用来作为上级对下级评价时的参考，从而减少被考评者对考评的不信任感。一般而言，自我总结是自我考评方式常采用的一种形式。

② 上级考评。这是对主管人员的考评中最常见的一种方式。一方面由于他是被考评者的直接上级，与考评者的直接联系较多，因而能够从对被考评者的直接经常性的接触和观察中了解其各方面的状况；另一方面，作为上级来讲，一般比较了解考评的目的，熟悉考评的标准，而且责任心也比较强。这两方面结合起来，就使得上级考评一般能够对被考评者做出比较客观和公正的评价。

③ 同事考评。同事考评，即与被考评者一起工作的同事对其进行考评。由于工作关系，同事之间是互相最了解的人。因此，同事考评的结果也较为客观和可信，这种方式常用的形式是小组评议。

④ 下级考评。下级考评是从另一个角度对主管人员进行评价，即他们更熟悉被考评者的领导方式、领导作风等方面，因而在这些方面的评价也是比较客观和准确的。我们常说的“民意测验”就是这种考评方式的一种具体形式。

在具体的考评工作中，除了各种方式的自我完善外，最好的办法就是采取多种评价方式，从不同的角度进行考评，以避免只采取某一种方式可能引起的以偏概全，从而使考评工作真正做到公正、客观、全面、准确。

(2) 考评的方法

对主管人员的考评，有以下几种方法。

① 考试法。考试法分笔试、口试两种，是目前在各级各类组织中广泛应用的考评方法。笔试方法简便易行，主要是考评主管人员对知识的掌握程度和理论水平，但它却难以测出一个人的实际才能以及创造才能和应变能力。因此，笔试方法常常与口试方法配合进行。口试可分为“问题式口试”“漫谈式口试”和“逼迫性口试”。“问题式口试”着重了解的是主管人员的知识水平；“漫谈式口试”着重了解其潜在能力；“逼迫性口试”则是有意提出一些极端性的问题以观察主管人员的思维能力、应变能力以及处理棘手问题的能力。

② 成绩记录法。这是一种以主管人员的工作成绩记录为基础的考评方法。通常的做法是发一种统一的成绩记录卡，按日和周记录下被考评者的工作成绩。记录卡上的内容主要是与被考评者业务有关的项目，它常常与目标管理结合在一起。

③ 自我考评法。

总之，考评的具体方法很多，既有定性的，也有定量的。在实际的考评工作中，只有多种方法相结合，定性与定量相结合，一般才能取得比较满意的效果。

第五节　组织变革

一、组织变革的含义

组织变革是指运用行为科学和相关管理方法，对组织的权利结构、组织规模、沟通渠道、角色设定、组织与其他组织之间的关系，以及对组织成员的观念、态度和行为，成员之间的合作精神等进行有目的的、系统的调整和革新，以适应组织所处的内外环境、技术特征和组织任务等方面的变化，提高组织效能。

二、组织变革的征兆

（一）经营业绩下滑

经营业绩下滑表现为市场占有率下降、产品质量下降、消耗和浪费严重、企业资金周转不灵等。

（二）生产经营缺乏创新

如缺乏新的战略和适应性措施，缺乏新的产品和技术更新，没有新的管理办法或新的管理办推行起来困难。

（三）组织结构本身病症的显露

决策迟缓、指挥不灵、信息交流不畅、机构臃肿、职责重叠、管理幅度过大、扯皮增多、人事纠纷增多、管理效率下降等都是组织结构本身的病症。

（四）职工士气低落，不满情绪增加

如管理人员离职率提高，员工旷工率提高，病、事假率提高等。

三、组织变革的动因与阻力

（一）组织变革的动因

推动组织变革的因素很多，其中主要有以下几个方面：

1. 战略

组织在发展过程中需要不断地对其战略的形式和内容做出调整，新战略一旦形成，组织结构就应该进行调整、变革，以适应新战略实施的需要。结构适应战略，战略的变化必然带来组织结构的更新。

2. 环境

环境变化是导致组织结构变革的一个主要影响因素。

3. 技术

科技的迅速发展及其应用使组织的生产技术、员工素质、产品形式以及管理中的信息沟通等都发生了很大的变化。这就要求组织在市场战略、组织结构、生产技术、设备、人员等多方面进行相应变革，以提高组织的竞争力。

4. 顾客需求的不断变化

随着科技的发展、生活水平的提高，消费者的需求水平、需求结构、价值观与生活方式、审美观都发生了一系列新的变化。为了满足消费者的需求，组织必须及时地进行调整，增强快速反应能力，才能在激烈的市场竞争中占据主动地位。

5. 组织规模和成长阶段

组织规模与成长或发展阶段相关联。伴随着组织的发展，组织活动的内容会日趋复杂，人数会越来越多，活动的规模和范围会越来越大，这样，组织结构也必然要随之调整，以适应成长后的组织的新情况。

（二）组织变革的阻力

组织变革必然会带来一定的风险，使某些员工失去某些既得的利益，因此，变革会遇到这样或那样的阻力。组织变革可能遇到的阻力，大体可归纳为以下几个方面：

1. 心理因素造成的阻力

组织变革首先会打破原有的稳定格局，会使部分组织成员产生某种程度的不安全感，这种不安全感使人们可能会抵制变革。其次变革的最终结果不稳定会使人们感到风险增大，因为变革所带来的后果是未知的，存在着成功与失败两种可能性，所以人们便对变革的前途产生怀疑和担心，觉得与其未来不确定，还不如维持现状，求稳的心理会使一部分人抵制变革。此外，某些管理人员出于职权的考虑，担心变革会使自己的地位、职权发生变化，因而抵制变革。

2. 经济因素造成的阻力

经济收入是人们心目中最看重的，如果组织变革会使个人直接或间接地收入降低，人们必然会抵制变革。

3. 社会因素造成的阻力

组织变革还会遇到来自群体方面、社会方面的阻力。任何一个群体要维持自己的生存，都会在群体中形成一致的价值观、共同的态度、行为规范，以保持群体成员一致的行动。进行组织变革，有可能会打破群体的平衡状态，因而会遇到群体反对。此外，社会文化传统，社会风俗习惯，某些地区、部门、阶层、团体利益关系形成的“利益集团”等，都可能给组织变革带来阻力。

（三）阻碍组织变革的各种抵制现象

① 生产量、销售量、经济效益持续下降。

② 消极怠工、办事拖拉等待。

③ 离职人数增加。

④ 发生争吵与敌对行为，人事纠纷增多。

⑤ 提出许多似是而非的反对变革的理由。

（四）应对组织变革阻力的对策

① 做好宣传，与员工进行沟通，广泛地听取员工的意见。

② 让员工参与到组织变革的决策中去。

③ 大力推行与组织变革相适应的人才培训计划，大胆起用具有开拓创新精神的人才。

④ 采取优惠政策，妥善安排被精简人员的工作生活和出路。

⑤ 在必要的时候显示变革的果敢决心，并采取强硬措施。

⑥ 操纵与收买。

四、组织变革方法的策略

（一）改良式

其主要是在原有的组织结构基础上修修补补，变动较小。

优点：阻力较小，易于实施。缺点：缺乏总体规划，“头痛医头、脚痛医脚”，带有权宜之计的性质。

（二）爆破式

这种变革方式往往涉及公司组织结构重大的以至于根本性质的改变，且变革期限较短。一般来说，爆破式的变革适用于比较极端的情况，除非是非常时期，如公司经营状况严重恶化，一定要慎用这种变革方式，因为爆破式的变革会给公司带来非常大的冲击。

（三）渐进式

这种变革方式是通过对企业组织结构的系统研究，制定出理想的改革方案，然后结合各个时期的工作重点，有步骤、有计划地加以实施。

优点：①有战略规划，适合公司组织长期发展的要求。

② 可以同人员培训、管理方法的改进同步进行。

③ 员工有较长时间的思想准备，阻力较小。

五、组织变革的过程

卢因将组织变革的过程概括为“解冻、变革、再冻结”三个阶段。

（一）解冻

组织现状可以看成一种均衡状态，变革要打破原有的均衡，改变人们的习惯和传统，就要克服来自个人和群体的抵抗，这是“解冻”过程存在的必要性。解冻是鼓励人们正视现实，认识到变革的必要性，接受变革。这一过程可以通过三个途径来实现：一是加强组织行为脱离现状的“驱动力”，即通过增强变革的动力，如把奖励与接受变革联系起来。二是减弱反抗变革的“遏制力”，消除变革的障碍。三是将前两种方法结合起来，当变革的阻力非常大时，若想变革成功，管理者必须考虑采用减小阻力和增加动力并举的方法。

（二）变革

变革或变革阶段的任务就是按照所拟定变革的要求开展具体的组织变革运动或行动，以使组织从现有结构模式向目标模式转变。这是变革的实质阶段，通常可分为试验与推广两个步骤。这么做的好处是组织变革方案在全面实施之前一般进行一定范围内的典型试验，以便总结经验，修正进一步的变革方案，在试验阶段取得成功后再进入大规模的全面实施阶段。另一个好处是可以使一部分对变革尚有疑虑的人们能在试验阶段便及早地看到或感觉到组织变革的潜在效益，从而有利于争取更多的组织成员在思想和行动上支持所要进行的组织变革，并积极加入变革的行列，由此实现从变革观望者、反对者向变革的积极支持者和参与者的转变。

（三）再冻结

一旦变革实现后，如果想使变革真正成功，还必须在新形势下对变革的成果进行“再冻结”，进行强化，使其长久地存在下去。如果不执行最后这一步，那么变革很可能在持续很短的时间后又恢复到原有的状态。再冻结的过程是指利用必要的强化方法，使已经实现的变革稳定化，使新的态度与新的行为、新的制度和新的规则得到维持与巩固。

六、组织变革的趋势

随着社会的发展和时代的变迁，传统的组织结构已不能适应当代尤其是变化快速的经营环境，知识经济、知识管理、组织变革已成为大势所趋。传统金字塔形的“命令—支配”模式，将被更具动态性和灵活性、创造力和快速敏捷应变能力的“网络模式”所替代。现在组织变革的主要趋势有：

（一）扁平化

组织结构的扁平化，就是通过减少管理层次、裁减冗余人员来建立一种紧凑的扁平组织结构，使组织变得灵活、敏捷，提高组织效率和效能。彼得·德鲁克预言：未来的企业组织将不再是一种金字塔式的等级制结构，而会逐步向扁平式结构演进。

（二）网络化

相对于官僚制组织而言，网络组织最本质的特征在于强调通过全方位的交流与合作实现创新和双赢。全方位的交流与合作既包括了企业之间超越市场交易关系的密切合作，也包括了企业内部各部门之间、员工之间广泛的交流与合作关系，而且这些交流与合作是以信息技术为支撑的，并将随着信息技术的发展而得到不断的强化。当然，网络关系不能完全取代组织中的权威原则的作用，否则组织就会出现混乱，所以网络组织中的层级结构始终是需要保持的，只不过在组织结构网络化的条件下，采取的是层级更少的扁平化结构。

组织结构网络化主要表现为企业内部结构网络化和企业间结构网络化。企业内部结构的网络化是指在企业内部打破部门界限，各部门及成员以网络形式相互连接，使信息和知识在企业内快速传播，实现最大限度的资源共享。企业间结构网络化包括纵向网络和横向网络。纵向网络即由行业中处于价值链不同环节的企业共同组成的网络型组织，这种网络关系打破了传统企业间明确的组织界限，大大提高了资源的利用效率及对市场的响应速度。横向网络指由处于不同行业的企业所组成的网络。这些企业之间发生着业务往来，在一定程度上相互依存。

（三）无边界化

无边界化是指企业各部门间的界限模糊化，目的在于使各种边界更易于渗透，打破部门之间的沟通障碍，有利于信息的传送。在具体的模式上，现在比较有代表性的无边界模式是团队组织，团队指的是职工打破原有的部门边界，绕开中间各管理层，组合起来直接面对顾客和对公司总体目标负责的以群体和协作优势赢得竞争优势的企业组织形式。这种组织成为组织结构创新的典型模式。团队一般可以分为两类：一是“专案团队”。成员主要来自公司各单位的专业人员，其使命是为解决某一特定问题而组织起来，问题解决后即宣告解散。另一类是“工作团队”。可以进一步把它分为高效团队和自我管理团队，工作团队一般是长期性的，常从事日常性的公司业务工作。无边界思想是一种非常具有新意的企业组织结构创新思想，它完全是超国界、超制度、超阶级、超阶层的。组织作为一个整体的功能得以提高，已经远远超过各个组成部门的功能。

（四）多元化

企业不再被认为只有一种合适的组织结构，企业内部不同部门、不同地域的组织结构不再是统一的模式，而是根据具体环境及组织目标来构建不同的组织结构。管理者要学会利用每一种组织工具，并且有能力根据某项任务的业绩要求，选择合适的组织工具，从一种组织转向另一种组织。

（五）柔性化

组织结构的柔性化是指在组织结构上，根据环境的变化，调整组织结构，建立临时的以任务为导向的团队式组织。组织柔性的本质是保持变化与稳定之间的平衡，它需要管理者具有很强的管理控制力。

（六）虚拟化

组织结构的虚拟化是指用技术把人、资金、知识或构想网络在一个无形的组织内，以实现一定的组织目标的过程。

虚拟化的企业组织不具有常规企业所具有的各种部门或组织结构，而是通过网络技术把含有目标所需要的知识、信息、人才等要素联系在一起，组成一个动态的资源利用综合体。虚拟组织的典型应用是创造虚拟化的办公空间和虚拟化的研究机构。前者是指同一企业的员工可以置身于不同的地点，但通过信息和网络技术连接起来，如同在同一办公大厦内，同步共享和交流信息与知识；后者是指企业借助通信网络技术，建立一个把世界各地的属于或不属于本企业的研究开发人员、专家或其他协作人员联系在一起的跨越时空的合作联盟，实现一定的目标。

复习思考题

1. 简述组织的含义及其构成要素。
2. 简述正式组织与非正式的关系。
3. 组织设计的任务是什么？组织设计会受到哪些因素的影响？
4. 简述组织设计的基本步骤。
5. 何为管理幅度？如何确定合理的管理幅度？
6. 组织运行中影响分权的因素包括哪些？
7. 管理人员选聘时的挑选标准包括哪些？
8. 员工培训的目的是什么？针对主管人员有哪些培训的方法？
9. 人员考评的方式包括哪些维度？
10. 组织变革过程中可能遇到哪些阻力？如何克服这些阻力？

11. 简述组织变革的过程。

12. 组织变革的趋势包括哪些？

拓展实训一

谁拥有权力

王华明近来感到十分沮丧。一年半前，他获得某名牌大学工商管理硕士学位后，在毕业生人才交流会上，凭着他满腹经纶的学识和出众的口才，力挫群芳，荣幸地成为某大公司的高级管理职员。由于其卓越的管理才华，一年后，他又被公司委以重任，出任该公司下属的一家面临困境的企业的厂长。当时，公司总经理及董事会希望王华明能重新整顿企业，使其扭亏为盈，并保证王华明拥有完成这些工作所需的权力。考虑到王华明年轻且肩负重任，公司还为他配备了一名高级顾问严高工（原厂主管生产的副厂长），为其出谋划策。

然而，在担任厂长半年后，王华明开始怀疑自己能否控制住局势。他向办公室高主任抱怨道："在我执行厂管理改革方案时，我要各部门制定明确的工作职责、目标和工作程序，而严高工却认为，管理固然重要，但眼下第一位的还是抓生产、开拓市场。更糟糕的是他原来手下的主管人员居然也持有类似的想法，结果这些经集体讨论的管理措施执行受阻，倒是那些生产方面的事情推行起来十分顺利。有时我感到在厂里发布的一些命令，就像石头扔进了水里，我只看见了波纹，随后，过不了多久，所有的事情又回到了发布命令以前的状态，什么都没改变。"

思考题：

1. 王华明和严高工的权力各来源于何处？

2. 严高工在实际工作中行使的是什么权力？你认为严高工作为顾问应该行使什么样的职权？

3. 这家下属企业在管理中存在什么问题？如果你是公司总经理助理，请就案例中该企业存在的问题向总经理提出你的建议以改善现状。

拓展实训二

一封辞职信

尊敬的钟院长：

您好！

我叫李玲，是医院内科的护士长，我当护士长已经有半年了，但我再也无法忍受这种工作了，我实在干不下去了。我有两个上司，他们都有不同的要求，都要求优先处理自己布置的事情。然而我只是一个凡人，没有分身术，我已经尽了自己最大的努力来适应这样的工作要求，但看来我还是失败了，让我给您举个例子吧。

昨天早上8：00，我刚到办公室，医院的主任护士叫住我，告诉我她下午要在董事会上做汇报，现急需一份床位利用情况报告，让我10：00前务必完成。而这样一份报告至少要花一个半小时才能写出来。30分钟以后，我的直接主管，基层护士监督员王华走进来突然质问我为什么没见到我们科室的两位护士上班。我告诉她外科李主任因急诊外科手术正缺人手，从我这要走了她们两位借用一下，尽管我表示反对，但李主任坚持说只能这么办。王华听完我的解释，叫我立即让这些护士回到内科来，并告诉我一个小时以后，他回来检查我是否把这事办好了！像这样的事情举不胜举，每天都要发生好几次。

这样的工作我实在无法胜任，特向您辞职，请批准！

思考题：

1. 案例中李玲所在的这家医院在组织结构的运行上合理吗？为什么？

2. 就避免案例中的这种结局谈谈你的建议。

第五章 领 导

学习目标

掌握领导的含义、功能与作用；了解领导权力的构成、领导工作的原理；理解人性的四种假设理论，掌握领导的四种理论；掌握激励的含义、激励的类型与激励理论；掌握沟通的含义、作用过程、类型以及沟通障碍与应对策略。

引导案例

黄工程师为什么要走?

助理工程师黄大佑是名牌大学的高才生，毕业后第五年应聘到一家企业的工程部负责技术工作。他工作负责，勤勤恳恳，技术能力强，很快成为厂里有口皆碑的“四大金刚”之一，名字仅排在技术部主管陈工程师之后。虽然来厂工作4年了，然而他的工资却同仓库管理员不相上下，三口之家还是住在来时的那间平房里，对此，他心中常有不平。

贾厂长是一个有名的善于识人用人的老厂长。4年前，黄大佑调来报到时，贾厂长亲自吩咐相关人士写了“热烈欢迎黄大佑工程师到我厂工作”的红色大幅颜体字挂在厂门口，并且交代要把“助理工程师”的助理两字去掉，这一细节确实让刚来的黄大佑十分激动，工作非常卖力。黄大佑符合条件，但最后名额却让给了一个没有文凭、业绩平平的老同志。他有些想不通，想去找厂长，谁知厂长却先来找他了：“黄工，你还年轻，机会有的是。”去年，他想反映一下工资问题，因为来这里的其中一个目的就是想要高一点的工资，提高一下生活质量，但几次想开口，都没有勇气说。因为厂长不仅在生产会上大夸他的成绩，而且有好几次，外地的人来取经，贾厂长都会当着客人的面赞美他：“黄工是我们厂的技术骨干，是一个有创新精神的人。”平时哪怕厂长再忙，路上见到时，他都会拍着黄工的肩膀说两句，诸如“黄工，干得不错”“黄工，你很有前途”等。这的确让黄大佑兴奋。前段时间，厂长还将一项开发新产品的重任交给他，对他非常信任。

最近，厂里建好了一批职工宿舍，听说数量比较多，黄大佑决心要反映一下自己的住房问题，谁知这次贾厂长又是先找他，还是像以前一样，拍着他的肩膀：“黄工，厂里有意培养你入党，我当你的介绍人。”他又不好意思开口，结果，家又没搬成，老婆对他很有意见。

深夜，黄大佑对着一张报纸的招聘栏出神，第二天一早，贾厂长的办公桌上压着一个小纸条，上面写着：贾厂长，您是一个懂得使用人才的好领导，我十分敬佩您，但我决定走了。

问题：贾厂长纳闷，既然自己是个好领导，为什么他要走呢?

第一节 领导概述

在整个管理过程中，领导职能是连接决策、组织、控制等各个职能的纽带，是实现组织目标的关键。领导属于组织，又服务于组织，组织可授予领导明确的权力，领导便是对权力的运用。有了领导，组织才能生存、发展和运行，缺乏领导的组织难以成为组织，缺乏有效领导的组织是无力的、难以发展的组织。只有具备杰出领导能力的领导者，才能使组织具有强大的凝聚力与战斗力，才能率领被领导者实现组织的目标。

一、领导的含义

关于领导的含义既可以从名词角度上理解，也可以从动词角度上理解。

从名词角度理解，领导亦称领导者，是组织中确定和实现组织目标的首领，是对组织目标完成负有主要责任的人。从动词角度理解，领导是指领导者通过影响力，指挥、带领、引导和鼓励下属或被领导者实现组织目标的过程。本书主要是从动词角度来学习领导的相关内容。针对动词角度的领导可以从以下三个方面来理解其含义：

① 领导活动中必须有领导者与被领导者，否则就不成其为领导。

② 领导者本质上是一种影响力。

③ 领导的目的是通过被领导者达到组织的目标。

另外领导者与管理者之间是有区别的，表现在以下几个方面：

① 社会地位不同。领导者是一种社会角色，特指领导活动的行为主体，即能实现领导过程的人。而管理者是指在组织中从事管理活动、担负管理职能的人，即负担对他人的工作进行计划、组织、领导和控制等工作，以期实现组织目标的人。

② 工作内容不同。领导者是提供方向性、宏观上的把控的人，工作职能在于创新，促进组织改革，解决组织发展中的根本性问题。而管理者是从事具体工作，工作重心在于维持现有秩序。

③ 工作侧重点不同。领导者关注结果，管理者注重过程控制；领导者关注人，管理者关注生产；领导者提出问题，管理者解决问题；领导者采用柔和的方式影响下属，管理者采用刚性、冷酷的手段管理下属。

④ 工作方法不同。领导者工作中倾向于运用激励手段调动下属工作积极性。而管理者倾向于运用控制手段达到既定目标，工作中遵章办事。

二、领导的作用

（一）决策

对于领导者而言，首要的任务就是为组织和下属指明前进的方向及确定目标，制定实现目标的方针策略。

（二）用人

人是组织中最核心的资源，组织发展、成功的关键是人才，人才作用的发挥需引进、开发、利用，领导对人才作用的发挥至关重要。

（三）指挥

指挥是指管理者凭借权威，直接命令或指导下属行事的行为。组织的高层领导本身不是具体事务的处理者，他需要通过任务的分派、权力的授予，让下属去完成任务，实现目标。因此领导者是凭借指挥权开展职能活动。

（四）协调

在组织实现其既定目标的过程中，人与人之间、部门与部门之间发生各种矛盾和冲突，因此领导者需要协调人们之间的关系和活动，鼓舞人们去奋斗来实现组织的目标。判定一个领导者协调工作到位的标志是整体组织呈现这样一种局面：上级乐于支持，同级乐于配合，下级乐于拥护。

（五）激励

领导者为了使组织内的所有人都能最大限度地发挥其才能，以实现组织的既定目标，就必须关心下属，激励和鼓舞下属的斗志，发掘、充实和加强人们积极进取的动力。

三、领导的权力和影响力

领导的核心在权力。领导权力通常就是指影响他人的能力，在组织中就是指排除各种障碍完成任务、达成目标的能力。关于领导权力的构成可以根据权力的来源不同进行划分，如果权力是由领导所处的组织层次决定的，这种权力可以称为强制权力；如果领导的权力是由其自身的魅力和专业能力所获得的，这种权力就称为自然权力。

（一）强制影响力

领导强制影响力是由领导在组织中所处的层次决定的，主要有法定权、奖赏权和惩罚权。

1. 法定权

法定权是由个人在组织中的职位决定的。个人由于被任命某一职位，因而获得了相应的法定权力和权威地位。例如教练有权决定谁上场和比赛的策略，队员必须服从；裁判有权判定是否犯规和是否得分，并有权用黄牌或红牌提出对某一队员的警告或处罚，队员必须服从；老师有权布置作业、出试题和给分，学生必须服从等。

但拥有法定权力的权威，并不等于就是领导，虽然我们通常把层级机构中担任各级职位的官员都称为领导。其实这些负责人可能是有效的领导者，也可能不是。有些官员根本没有自愿的追随者，只是凭借手中的权力作威作福而已，这样的人并不是真正的领导者。

2. 奖赏权

奖赏权是指个人控制着对方所重视的资源而对其施加影响的能力。例如上级在其职权范围内可以决定或影响下级的薪水、晋升、提拔、奖金、表扬，或分配有利可图的任务、职位，或给予下属所希望得到的其他物质资源或精神上的安抚、亲近、信任、友谊等，从而有效地影响他人的态度和行为。

奖赏权力是否有效，关键在于领导者要确切了解对方的真实需要。人们的需要是多方面的，也可能各不相同，不一定都是金钱或职位，所以必须采用适当的方式针对性地雪中送炭才能取得良好的效果。

被领导者也拥有某种奖赏权，例如对领导的忠诚、顺从，更加积极忘我地工作，为了组织利益不计个人安危，甚至对领导者的热情招呼、演讲后的热烈鼓掌等，都可以看作是被领导者对领导者的奖赏。这种奖赏权也有效地影响着领导行为。

3. 惩罚权

惩罚性权力是指通过强制性的处罚或剥夺而影响他人的能力。例如批评、罚款、降职、撤职、除名、辞退、开除、起诉等，或者调到偏远、劳苦、无权的岗位上去。这实际上是利用人们对惩罚和失去既得利益的恐慌心理而影响和改变他的态度和行为。

需要注意的是，惩罚权虽然十分必要，见效也很快，但毕竟是一种消极性的权力，更不是万能的，因此务必慎重。如果使用不当，可能产生严重的消极后果。例如下属在合法范围内拥有消极怠工、抗议、上访、静坐、游行、示威、罢工等权利，员工可以利用这种合法权利来对领导者的不当行为进行惩罚，甚至引发不应有的暴力事件。

（二）个人影响力

个人影响力又称为非权力影响力，是指由领导者的能力、知识、品德、作风等个人因素所产生的影响力。

1. 专长权

专长权是指领导者依靠自身高深的技术、丰富的经验与杰出的判断力来影响下属行为的能力。这种权力所产生的影响大小同领导的专长被下级所看重的程度有很大关系。

2. 感召权

感召权是由于领导者拥有的个性、品德、作风而引起人们的认同、赞赏、钦佩、羡慕而自愿地追随和服从他的权力。感召权的大小与职位高低无关，只取决于个人的行为。不过对于高职位的人，其模范行为会有一种放大的乘数效应。一些行为对普通人来说可能是很平常的事，但对某些高层领导者就会变成非常感人的模范行为，产生巨大的感召性权力。但在任何组织中，总是有许多没有任何职位的人，也往往会有巨大的感召性权力，称为非正式的群众领袖，他们对人们的影响力可能远远大于拥有正式职位的领导者，对组织有利的做法是后者应对前者有更多的尊重和更好的合作。

四、领导者的修养与领导艺术

（一）领导者的修养

一个有修养的领导者能极大地改善领导者与被领导者之间的关系。领导者的修养甚至比单纯的知识更重要，因为某些行为方式是可以学到的，是可以熟练地被运用的。

1. 广博的学识

作为一个领导者，必须学习与本管理领域相关的专业知识，同时也需要掌握其他方面的知识，由于所面对的下属人数众多，每个下属的兴趣、偏好不一样，要想很好地开展领导活动，必须能够和下属有效交流，这就要求领导者知识必须广博。

2. 移情能力

领导者不应该主观地假设他们的下属与他们自己一样具有同样的情感。如果做出这样的错误假设，在工作上往往就会导致独断专行的“家长制”作风。所以领导必须对下属进行全面的了解，除了工作之外，还要了解他们的个人关系、经济与健康状况、抱负、价值观等。主管人员如果能自问一下，在他们的位置上我会如何反应的做法，就是一种想知道的尝试，并且会在实践中形成一种技能。设身处地为下属着想，必然会取得下属的信赖，从而为有效地领导下属打下基础。

3. 客观性

领导者应力求不带个人感情地去观察与寻查事件的起因，这就要求主管人员不能只强调移情的作用，在客观性与移情作用之间要尽可能地予以平衡。为培养客观性，一个领导者需要有很强的意志。领导者只要有决心和修养，就能克服仓促判断、愤怒、责怪以及感情用事的倾向。

4. 自知之明

知人者智，自知者明。领导者如果没有自知之明，就很难做到移情和客观性。因此，领导者应了解自己的处事态度与习惯对下属的影响，以便改变自己那些可能影响下属的言行。

（二）领导艺术

领导不仅是科学，还是艺术。所谓领导艺术，是指领导者在行使领导职能时所表现出来的特殊技能。这种特殊技能不仅与领导者的实践经验有关，而且与领导者个人的才智、性格、风格密切相关。

领导艺术的特点：①随机性，领导艺术不可能随时随地体现，一定是在某些特殊的情景和场合表现出来不同于以往的处理方式，给人非常巧妙和震撼的感受；②经验性，领导艺术一定是在长期的管理实践基础上才能迸发出来的，一定是从量变到质变过程中的蜕变；③多样性，领导的艺术体现在很多方面，比如用人、处事和时间分配等方面；④创造性，领导艺术一定是对传统管理方式的一次革新，体现了一定的创新性。

领导艺术建立在领导者个人的经验、素养和洞察力的基础上，认真讲求领导艺术，有助于提高工作的有效性，有助于密切领导者和员工的关系。在这样的环境中，将能够形成一种既有集中又有民主、既有纪律又有自由、既有统一意志又有个人身心舒畅的局面。对任何组织来说，领导艺术对办好一个组织都起到了决定性的作用。

五、领导理论

一个组织事业的成败，也就是能否实现既定的目标，关键在于领导。关于如何当好领导，古今中外都有许多论述和研究，形成了诸多领导理论，即关于领导的有效性的理论。人们对领导有效性的研究主要从三个方面进行，相应地，领导理论也分为三种类型：领导特质理论、领导行为理论、领导权变理论。

（一）领导特质理论

领导特质理论就是着重于研究领导者本身的素质、品质或个性特征对领导工作效能的影响。其基本方法是先根据实际生活中不同的领导者领导效果的好坏，归纳出成功的领导者和失败的领导者在个人品质或特质上有哪些差异，进一步总结成功领导者的个人品质，并把这些归纳的结果作为一种理论标准，用于考察某个组织中的领导者是否具备这些品质，由此推断该领导者是否是一个成功的领导者。

根据领导特质理论的基本观点：个人品质或特征是决定领导效果的关键因素。根据这些品质和特征的来源所作的不同解释，可分为传统特质理论和现代特质理论。传统特质理论认为领导者所具有的特质是天生的，是遗传因素决定的，这种观点基本上已被摒弃。现代特质理论认为领导者的特性和品质可以通过后天的教育与培训、管理实践获得。现在普遍赞同现代特质理论。

美国管理学家吉塞利在对美国90个企业的300多名管理人员调查研究的基础上，提出了有效的领导者应具备的八种个性特征和五种激励特征。个性特征有：①才智：语言与文辞方面的才能；②首创精神：开拓方向、创新的愿望；③督查能力：指导别人的能力；④自信心：自我评价较高；⑤适应性：为下属所亲近；⑥决断能力；⑦性别；⑧成熟程度。激励特征有：①对工作稳定的需求；②对金钱奖励的需求；③对指挥别人权力的需求；④对自我实现的需求；⑤对事业成就的需求。

（二）领导行为理论

领导行为理论主要研究领导者应该做什么和怎样做才能使工作更有效，其研究主要集中在两个方面：①领导者关注的重点是什么，是工作任务还是员工关系；②领导者的决策方式，即集权还是分权。

1. 三种领导方式理论

美国管理学家怀特和李皮特提出权威式、民主式及放任式三种领导方式的理论。

（1）权威式领导

所有的政策均由领导决定；所有的工作进行的步骤和技术，也由领导者发号施令行事；工作分配及组合，多由领导单独决定；领导者与下属较少接触，如有奖惩往往是对人不对事。

（2）民主式领导

主要政策由组织成员集体讨论决定，领导者采取鼓励与协商态度；通过讨论，使其他人员对工作全貌有所认知，在所涉及的完成工作的途径和范围内，下属人员对于进行工作的步骤和所采用的技术有相当的选择机会。

（3）放任式领导

组织成员或群体有完全的决策权，领导者放任自流，只管给组织成员提供工作所需的资料和条件的咨询，而尽量不参与，也不主动干涉，只偶尔发表意见。工作进行几乎全依赖组织成员，各人自行负责。

在实际的工作环境中，这三种极端领导方式并不常见，大多数领导者的领导方式往往是一种混合型的。相比较而言，第二种民主式的领导方式效果较好。

2. 领导行为连续体理论

领导行为连续体理论是由坦南鲍姆（R. Tannenbaum）和沃伦·施密特（Warren H. Schmidt）于1958年提出的一种理论。该理论主要表述了经理们在决定何种行为（领导作风）最适合处理某一问题时常常产生困难。他们不知道是应该自己做出决定还是授权给下属做决策。为了使人们从决策的角度深刻认识领导作风的意义，他们提出了领导行为连续体模型。

领导行为连续体理论主张按照领导者运用职权和下属拥有自主权的程度把领导模式看作一个连续变化的分布带，以高度专权、严密控制为其左端，以高度放手、间接控制为其右端，从高度专权的左端到高度放手的右端，划分七种具有代表性的典型领导模式，如图5-1所示。

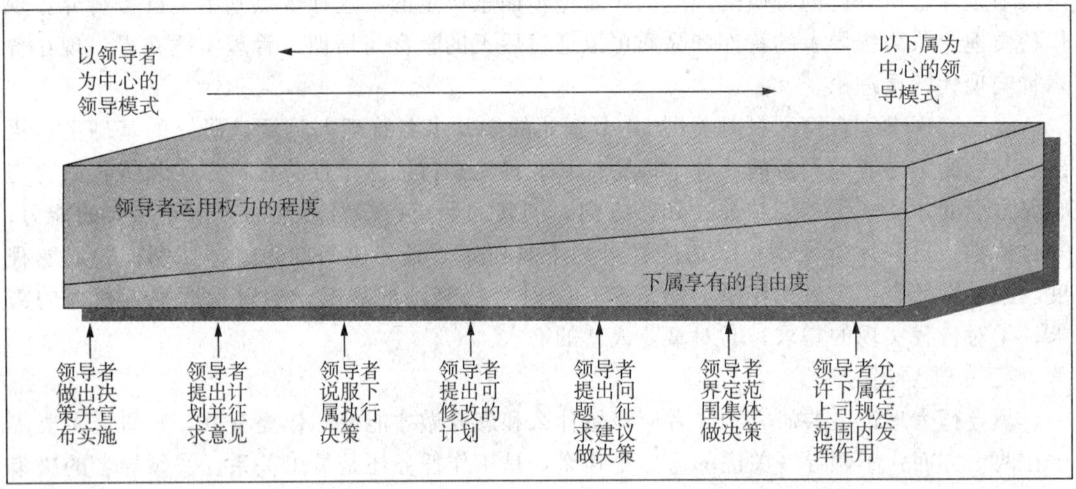

图 5-1　主管者—非主管者的行为连续流

(1) 领导做出决策并宣布实施

在这种模式中，领导者确定一个问题，并考虑各种可供选择的方案，从中选择一种，然后向下属宣布执行，不给下属直接参与决策的机会。

(2) 领导者说服下属执行决策

在这种模式中，同前一种模式一样，领导者承担确认问题和做出决策的责任。但他不是简单地宣布实施这个决策，而是认识到下属中可能会存在反对意见，于是试图通过阐明这个决策可能给下属带来的利益来说服下属接受这个决策，消除下属的反对。

(3) 领导者提出计划并征求下属的意见

在这种模式中，领导者提出了一个决策，并希望下属接受这个决策，他向下属提出一个有关自己的计划的详细说明，并允许下属提出问题。这样，下属就能更好地理解领导者的计划和意图，领导者和下属能够共同讨论决策的意义和作用。

(4) 领导者提出可修改的计划

在这种模式中，下属可以对决策发挥某些影响作用，但确认和分析问题的主动权仍在领导者手中。领导者先对问题进行思考，提出一个暂时的可修改的计划，并把这个暂定的计划交给有关人员进行意见征求。

(5) 领导者提出问题，征求意见做决策

在以上几种模式中，领导者在征求下属意见之前就提出了自己的解决方案，而在这个模式中，下属有机会在决策做出以前就提出自己的建议。领导者的主动作用体现在确定问题，下属的作用在于提出各种解决的方案，最后，领导者从他们自己和下属所提出的解决方案中选择一种他认为最好的解决方案。

(6) 领导者界定问题范围，下属集体做出决策

在这种模式中，领导者已经将决策权交给了下属的群体。领导者的工作是弄清所要解决的问题，并为下属提出做决策的条件和要求，下属按照领导者界定的问题范围进行决策。

(7) 领导者允许下属在上司规定的范围内发挥作用

这种模式表示了极度的团体自由。如果领导者参加了决策的过程，他应力图使自己与

团队中的其他成员处于平等的地位，并事先声明遵守团体所做出的任何决策。

在上述各种模式中，坦南鲍姆和施米特认为，不能抽象地认为哪一种模式一定是好的、哪一种模式一定是差的。成功的领导者应该是在一定的具体条件下，善于考虑各种因素的影响，采取最恰当行动的人。当需要果断指挥时，他应善于指挥；当需要员工参与决策时，他能适当放权。领导者应根据具体的情况，如领导者自身的能力、下属及环境状况、工作性质、工作时间等，适当选择连续体中的某种领导风格，才能达到领导行为的有效性。

3. 四分图理论

四分图理论是由美国俄亥俄州立大学的领导行为研究者们在 1945 年提出来的。这种理论把领导行为归纳为“以工作为中心”和“以人为中心”两个方面。“以工作为中心”就是领导者通过设计组织结构，明确职责权力、相互关系和沟通方法，确定工作目标与要求，制定工作程序、工作方法和工作制度来引导和控制下属的行为表现。“以人为中心”就是关心和强调下属的个人需要，尊重下属意见，给下属以较多的工作主动权，注意建立同事之间、上下级之间的相互信任的氛围。

这两类因素的具体组合形成四种领导行为，如图 5－2 所示，图中有四个领导行为：低组织高关心人、高组织高关心人、高组织低关心人和低组织低关心人。

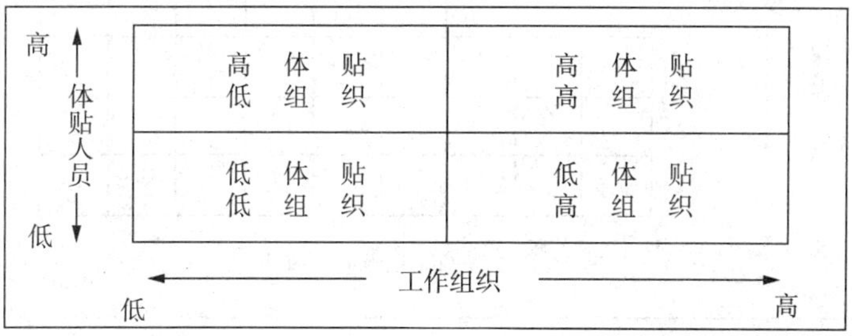

图 5－2 四分图理论

(1) 低组织高关心人

采取低组织高关心人的领导者注意关心爱护下属，经常与下属交换思想、交换信息，与下属感情融洽，但是组织内规章制度不严，工作秩序不佳，这是一类较仁慈的领导者。

(2) 高组织高关系人

采取高组织高关心人的领导者注意严格执行规章制度，建立良好的工作秩序和责任制，同时关心爱护下属，与下属交流思想，想方设法地调动组织成员的积极性，在下属心目中可敬又可亲，这是一类高效成功的领导者。

(3) 高组织低关心人

采取高组织低关心人的领导者注意严格执行规章制度，建立良好的工作秩序和责任制，但不注意关心爱护下属，不与下属交流信息，与下属关系不融洽，这是一类较严厉的领导者。

(4) 低组织低关心人

采取低组织低关心人的领导者不注意关心爱护下属，不与下属交换思想、交流信息，与下属关系不太融洽，也不注意执行规章制度，工作无序，效率低下。这是一类无能、不合格的领导者。

4. 管理方格理论

管理方格理论（Management Grid Theory）是由美国得克萨斯大学的行为科学家罗伯特·布莱克（Robert R. Blake）和简·莫顿（Jane S. Mouton）在1964年出版的《管理方格》一书中提出的。管理方格图的提出改变以往各种理论中“非此即彼”式（要么以生产为中心，要么以人为中心）的绝对化观点，指出在对生产关心和对人关心的两种领导方式之间，可以进行不同程度的互相结合。他们设计了一个管理方格图，横坐标表示领导者对生产的关心程度，纵坐标表示领导者对人的关心程度。横纵坐标都划分了9个尺度，横纵交叉形成一个81格的管理图，如图5-3所示。

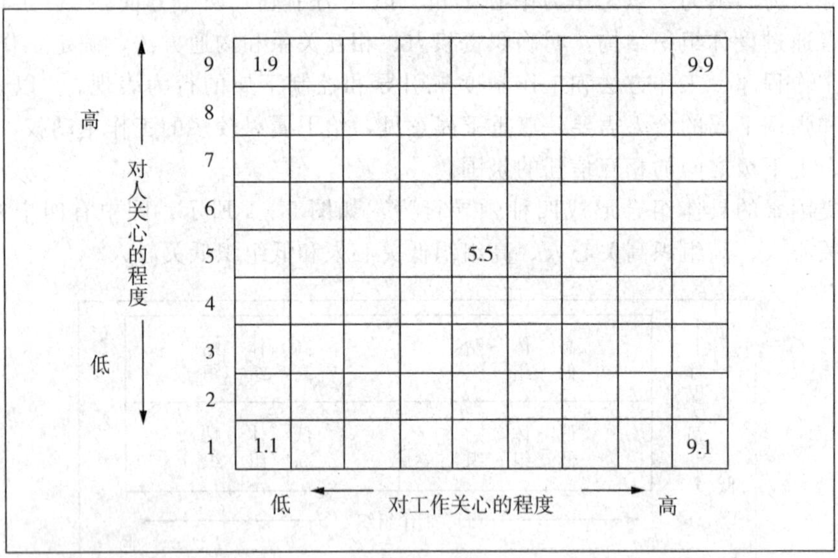

图5-3　管理方格图

“对生产的关心”是指领导者对组织目标的关心程度、对组织效益的关心程度和对组织规章制度执行状况的关心程度等。“对人的关心”是指领导者对组织成员、工作环境状况、人际关系理解、信息沟通状况的关心程度等。其中图5-3有五种典型的领导方式。

① 1.1型管理方式，称为贫乏型管理方式。领导既不关心人，也不关心生产，对组织运行放任自流，无所事事，无所作为，放弃领导应有的责任。

② 9.1型管理方式，称为任务型管理方式。领导者十分关心生产和工作，关心组织目标的实现，制定严格的规章制度和奖惩制度来保证任务的完成，而对员工的关心不够，组织内工作气氛不佳，员工的积极性不高。

③ 1.9型管理方式，称为俱乐部型管理方式。领导者不关心生产和工作，主要关心人，组织内员工都轻松工作，友好相处，但是组织目标实现却十分困难。

④ 5.5型管理方式，称为中庸之道型管理方式。这种领导方式既不过于偏重人的关心，也不过于偏重生产任务。领导者能维持足够的生产效率和士气，但是创新不够。

⑤ 9.9型管理方式，称为团队型管理方式。领导者既十分关心人，也十分关心生产，善于把组织集体的目标和个人目标之间有机结合起来，工作效率高而且工作环境好，这是

最有效的一种管理方式。

从以上五种管理方式来看，采用9.9型管理方式的领导者最为成功。一个领导者较为理性的选择是在不低于5.5型管理方式的水平上，根据生产任务与环境等情况，在一定时期内，在关心生产与关心人之间做适当的倾斜，实行一种动态的平衡，并努力向9.9型管理方式靠拢。

（三）领导权变理论

所谓权变，是指行为主体根据情景因素的变化而做了适当的调整。领导权变理论是指领导者应根据情景因素有效地选择领导方式。

1. 菲德勒权变理论

权变理论认为不存在一种“普遍适用”的领导方式或领导风格，领导工作受到领导者所处的客观环境的影响。或者说，领导者和领导方式是某种既定环境的产物，即：

$$S=f\ (L,\ F,\ E)$$

在上式中，S代表领导方式，L代表领导者特征，F代表追随者的特征，E代表环境。即领导方式是关于领导者特征、追随者特征和环境的函数。

领导者特征主要指领导者的个人品质、价值观和工作经历。追随者特征主要是指追随者的个人品质、价值观、工作能力等。环境主要是指工作特征、组织特征、社会状况、文化影响、心理因素等。工作是具有创造性还是简单重复，组织的规章制度是比较严密还是宽松，社会时尚是倾向于追随服从还是推崇个人能力等，都会对领导方式产生强烈的影响。

菲德勒把影响领导者领导风格的环境因素归纳为三个方面：职位权力、任务结构和上下级关系。职位权力是指领导者所处的职位具有的权威和权力的大小，或者说领导的法定权、惩罚权、奖励权的大小。权力越大，群体成员遵从指导的程度越高，领导的环境也就越好；反之，则越差。任务结构是指任务的明确程度和部下对这些任务的负责程度。如果这些任务越明确，而且部下责任心越强，则领导环境越好；反之，则越差。上下级关系是指下属乐于追随的程度。如果下级对上级越尊重，并且乐于追随，则上下级关系越好，领导环境也越好；反之，则越差。

菲德勒认为环境的好坏对领导的目标有重大影响。对低LPC型领导者来说，比较重视工作任务的完成。如果环境较差，他将首先保证完成任务；当环境较好时，任务能够完成，这时他的目标将是搞好人际关系。对高LPC型领导者来说，比较重视人际关系。如果环境较差，他将首先将人际关系放在首位；如果环境较好时，人际关系比较融洽，这时将追求完成工作任务。

菲德勒通过对200个团体进行抽样调查，得出结论如图5-4所示。

领导环境决定领导的方式。在环境较好和较坏的情况下，采用低LPC领导方式，即工作任务型的领导方式比较有效。在环境中等的情况下，采用高LPC领导方式比较有效，即人际关系型的领导方式比较有效。

2. 领导生命周期理论

该理论由赫塞和布兰查德提出，他们认为下属“成熟度”对领导者的领导方式起重要作用。所以，对不同“成熟度”的员工采取的领导方式有所不同。所谓“成熟度”指人们

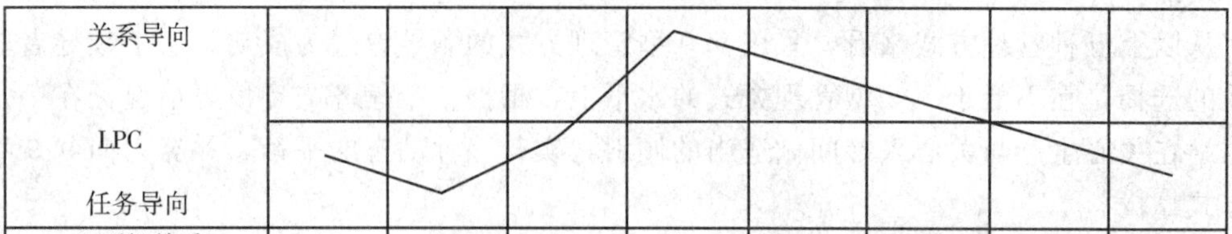

上下级关系	好	好	好	好	差	差	差	差
任务结构	明确	明确	不明确	不明确	明确	明确	不明确	不明确
职位权力	强	弱	强	弱	强	弱	强	弱
环境	有利			中等			不利	
有效领导方式	任务导向型			员工导向型			任务导向型	

图 5-4 菲德勒模型

对自己的行为承担责任的能力和愿望的大小。它取决于两个要素：工作成熟度和心理成熟度。工作成熟度包括一个人的知识和技能，工作成熟度高的人拥有足够的知识、能力和经验完成他们的工作任务而不需要他人的指导。心理成熟度指的是一个人做某事的意愿和动机。心理成熟度高的个体不需要太多的外部激励，他们靠内部动机激励。

在管理方格图的基础上，根据员工的成熟度不同，将领导方式分为四种：命令式、说服式、参与式和授权式。领导生命周期理论是基于领导者的工作行为、关系行为与被领导者成熟程度之间的曲线变化关系来研究领导方式的。它强调以领导者对下级的行为来考察其效率。根据领导生命周期理论，当下级成熟程度提高时，领导行为也需相应地变化，从以工作为主逐渐转变为以关系为主，最后需要重视其自主性。如图 5-5 所示。

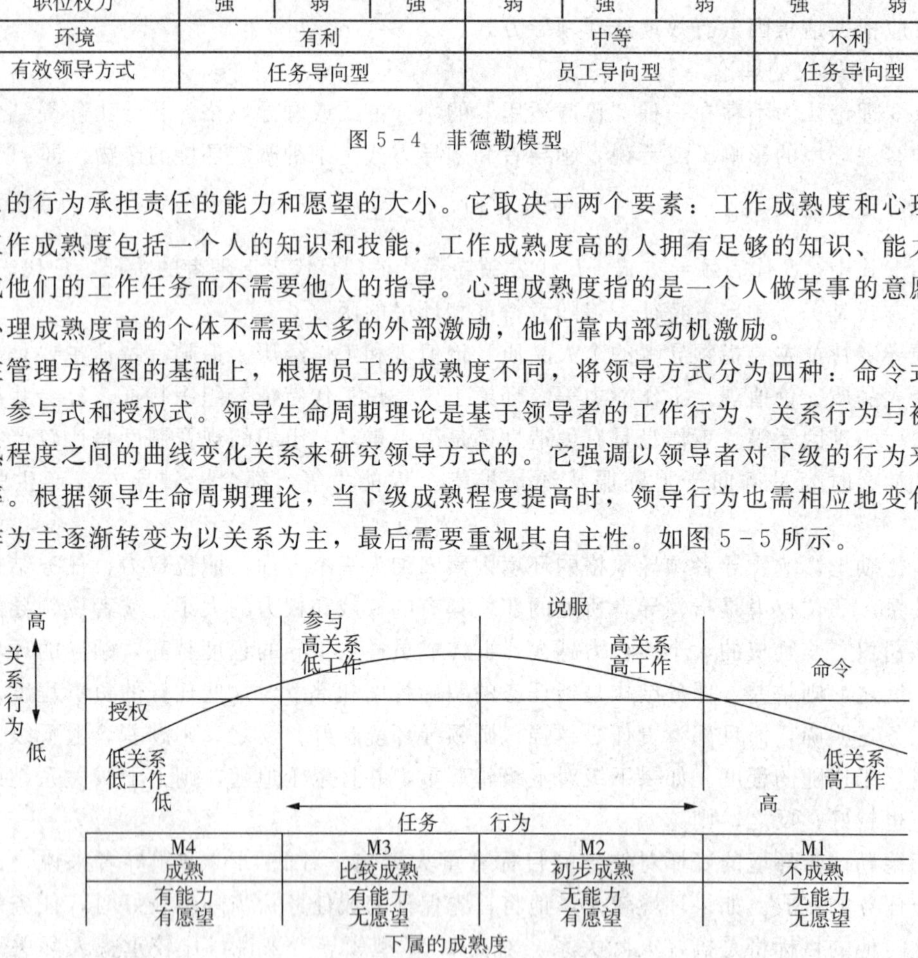

图 5-5 领导生命周期理论

（1）命令式（高工作，低关系）

当下级人员的成熟度低时，应该采取命令式的高工作、低关系的领导形态。领导工作要强调有计划、有布置、有监督、有检查；否则，下级人员将感到领导不力，不知所措，无所适从。这对于新职工，知识水平较低、业务能力较差的职工和基层尤为重要。

（2）说服式（高工作，高关系）

当下级人员的成熟度进入初步成熟时，采取任务行为、关系行为并重的说服式领导形态较为适宜。这时，布置工作不仅要说明干什么，还要说明为什么这样干，以理服人，不搞盲从。

（3）参与式（低工作，高关系）

当下级人员更趋成熟时，领导者的任务行为要减少、放松，关系行为要加强，采取参与式。领导者要向下级人员沟通信息，交流感情，吸收下级参与领导，提供情况和建议，改善关系，增强信任感。

（4）授权式（低工作，低关系）

当下级人员成熟度很高、水平很高、工作熟悉、技术熟练时，领导者应采取低工作、低关系的授权式领导，提出任务后，放手让下级去干，充分发挥下级的主观能动性；在下级需要时，可以帮助和支持。否则，过多的关心和支持反而会引起下级的反感，认为上级不放手、不信任，从而挫伤积极性，造成猜疑，影响工作成效。

根据下属成熟度和组织所面临的环境，领导生命周期理论认为随着下属从不成熟走向成熟，领导者不仅要减少对活动的控制，而且要减少对下属的帮助；当下属成熟度不高时，领导者要给予明确的指导和严格的控制；当下属成熟度较高时，领导者只要给出明确的目标和工作要求，由下属自我控制和完成。

3. 路径—目标理论

路径—目标理论是权变理论的一种，由多伦多大学的组织行为学教授罗伯特·豪斯（Robert House）最先提出。路径—目标理论同以前的各种领导理论的最大区别在于，它立足于部下，而不是立足于领导者。在豪斯眼里，领导者的基本任务就是发挥部下的作用，而要发挥部下的作用，就得帮助部下设定目标，把握目标的价值，支持并帮助部下实现目标。在实现目标的过程中提高部下的能力，使部下得到满足。

豪斯认为领导者的效率是能以激励下属达成组织目标，并在其工作中使下属得到满足来衡量的，领导者可以而且应该根据不同的环境因素来调整自己的领导方式和作风。该理论把领导行为分为四种：

（1）指导型领导

领导者对下属需要完成的任务进行说明，包括对他们有什么希望，如何完成任务，完成任务的时间限制等。指导性领导者能为下属制定出明确的工作标准，并将规章制度向下属讲得清清楚楚。指导不厌其详，规定不厌其细。这种领导方式适合当工作任务模糊不清、变化大或下属对工作不熟悉、没有把握、感到无所适从时。

（2）支持型领导

领导者对下属的态度是友好的、可接近的，他们关注下属的福利和需要，平等地对待下属，尊重下属的地位，能够对下属表现出充分的关心和理解，在部下有需要时能够真诚帮助。这种领导方式适用于工作高度程序化，让人感到枯燥乏味的情景。既然工作本身缺乏吸引力，下属就希望上级能够成为其满足的源泉，领导者可通过各种娱乐活动满足下属的社交需要。

（3）参与型领导

领导者邀请下属一起参与决策。参与性领导者能同下属一道进行工作探讨，征求他们的想法和意见，将他们的建议融入团体或组织将要执行的那些决策中去。这种领导方式适用于当任务相当复杂，需要组织成员间高度相互协作时，或当下属拥有完成任务的足够能力并希望得到尊重和自我控制时。

(4) 成就取向型领导

领导者鼓励下属将工作做到尽量高的水平。这种领导者为下属制定的工作标准很高，寻求工作的不断改进。除了对下属期望很高外，成就导向型领导者还非常信任下属有能力制定并完成具有挑战性的目标。

(四) 当代领导理论

1. 领袖魅力的领导理论

领袖魅力的领导理论是归因理论的扩展，指的是当下属观察到某些行为时，会把它们归因于伟人式的或杰出的领导能力。大部分领袖魅力的领导理论研究，主要是确定具有领袖气质的领导者与无领袖气质的领导者之间的个性特点。有领袖魅力的领导者与下属的高绩效和高满意度之间有着显著的相关性，为有领袖魅力的领导者工作的员工，会因为受到激励而付出更多的工作努力，而且，由于他们喜爱自己的领导，也表现出更高的满意度。

2. 愿景规划的领导理论

愿景规划的领导者（Visionary Leaders）能够为人们设计一个现实的、可信的、诱人的前景目标，并向人们清晰明确地指出，这种目标建立在当前条件基础上，人们只要经过努力就会实现。一个好的有效的领导者如何谈愿景规划呢？愿景应该具有引人注目的鲜明形象，它撞击人们的情感，鼓舞人们的热情，激发人们的能量，引导人们去实现组织目标。例如，迈克尔·戴尔（戴尔电脑公司）设计的企业愿景是，八天之内把一台组装好的个人电脑直接销售并送到顾客手中。

理想的愿景要符合时机与环境，并要反映出组织的独特特点。重要的是让下属相信这种愿景完全可以实现，也就是说，它具有挑战性，但肯定可以达到。因此，愿景规划的领导者应当具备三种品质：一是要具有生动清晰描述愿景的能力；二是要通过行动表达愿景实现的能力，具有勇于前进不惧失败的意志；三是要在不同的领导情境中施展并运用愿景的能力，表现出超乎常规的创新意识。

3. 事务型领导与变革型领导

所谓事务型领导者是指通过明确角色和任务要求而指导下属达到预定目标的人。大多数领导理论讲的是事务型领导。变革型领导者是指鼓励下属为了组织利益而超越自身利益，并对下属有着不同寻常的深远影响的人。变革型领导者显著优于事务型领导者，变革型领导需要领导者具有一定的能力，使得领导者能够识别变革需要、创设发展的愿景，并有效地实施变革。但我们不能将二者视为截然对立的两种类型，变革型领导是站在事务型领导的肩膀上形成的，他们给下属灌输的不仅是运用那些已有观念来解决问题，而且要采用新观点新视角来解决问题。因此变革型领导更具领袖魅力，它比事务型领导更能使下属产生更高的努力水平、绩效水平以及满意度。对于面临日益激烈的国内外竞争和建立现代企业制度任务的我国企业来说，变革型领导理论具有重要的现实意义。在实际管理中，需要根据不同企业组织的发展阶段和具体变革要求确定相应的领导方式。

4. 团队领导

目前，工作团队正逐渐成为各类组织中占主流的结构形式之一，因此带领团队工作的领导者的作用则越来越重要。然而，传统的“命令与控制”型领导已经阻碍了团队绩效的提高，必须从根本上改变领导团队的方式。

团队领导者的主要角色是建立信任与鼓舞士气，而不是指挥下属。团队领导者鼓励所有成员之间的互动以及团队与上级管理层、组织中的其他团队、顾客、供应商等之间的有效沟通。其工作重点应当是拓展团队的能力，而不再是仅仅关注个人。团队领导者通过提供培训机会、排除影响任务完成的障碍以及提供必要的资源以帮助团队成员。同样，团队领导者还注意培养团队成员的相互信任，以激发他们的巨大潜能。此外，团队领导者还努力创造团队的认同感，即领导者努力让团队成员理解他们的使命，通过设置更加具体的目标促进下属尽力完成。

第二节 激励概述与激励理论

人们加入一个组织或者群体，都是为了达到他们个人所不能达到的目标。然而，进入组织的人们不一定会努力工作，贡献他们潜在的能力。他们为组织服务的愿意程度是有高低的，有的强烈，有的一般，也有的消极。如何使组织中的各类成员为实现组织的目标热情高涨地去工作，尽可能有效地贡献出他们的智慧和才能，这就是管理者要研究的激励问题。

一、激励的概述

（一）激励的含义

激励是领导工作的重要方面。激励能使人的潜力得到最大限度的发挥。有人做过一项研究，在按时计酬方式下工作的员工，一般只要发挥20％～30％的能力就可保住饭碗，但如果给予充分激励的话，他们的能力可以发挥出80％～90％。这个反差正好说明了激励对员工潜能发挥的重要性。

激励就是领导者在领导活动中运用特定的方法，激发被领导者的动机，调动其主动性与创造性，使被领导者积极参与并主动配合完成工作任务的过程。领导激励关键是激和励的结合。激是激发下属的动机、热情、活力；励是鼓励、强化被领导者与组织目标相一致的积极行为。领导激励的目的在于激发人的正确动机，充分发挥人的智力效应，从而实现组织目标并保证其组织系统的有效存在与发展。

（二）激励的构成要素

激励的构成要素主要包括以下几点：

1. 动机

这是构成激励的核心要素。动机是指推动人们从事某项活动的内在驱动力。有什么样的动机就会产生什么样的行为，激励的关键在于使被激励者产生自己所希望的动机，进而有助于组织目标的实现。

2. 需要

需要是激励的起点与基础。需要是人们对某种目标的渴求和欲望。动机源于驱动力和诱因。驱动力是人内在的需要，诱因是指外部环境刺激。在外部环境的刺激下，人产生强烈的需要并导致动机的产生。

3. 外部刺激

这是激励的条件。外部刺激是指管理者为了实现组织目标而对被管理者所采取的管理手段及相应形成的管理环境。

4. 行为

这是激励的目的。行为是指在刺激状态下，人们因动机驱使所采取的实现目标的一系列的行为。激励要达到的目的就是通过恰当的激励措施和手段，使被管理者的行为朝着实现组织目标的方向发展。

动机、需要、外部刺激和行为这几个要素相互组合和作用，构成了对人的激励。

（三）激励的过程

心理学家认为，人的一切行为都是由动机支配的，动机是由需要引起的，行为的方向是寻求目标、满足需要。当人产生需要而未得到满足时，会产生一种紧张不安的心理状态，当有能够满足需要的目标时，这种紧张不安的心理就转化为动机，并在动机的驱使下向目标努力。目标达到后，需要得到满足，紧张不安的心理状态就会消除。随后，又会产生新的需要，引起新的动机和行为。人们在满足需要时，并非每次都能实现目标，在需要没有得到满足、目标没有实现的情况下，人会产生挫败感，此时，有人可能就会积极进取，动机更强；有人可能动机削弱，消极防范，放弃原有目标。人的激励过程是一个周而复始、不断进行、不断升华的循环，具体如图 5－6 所示。

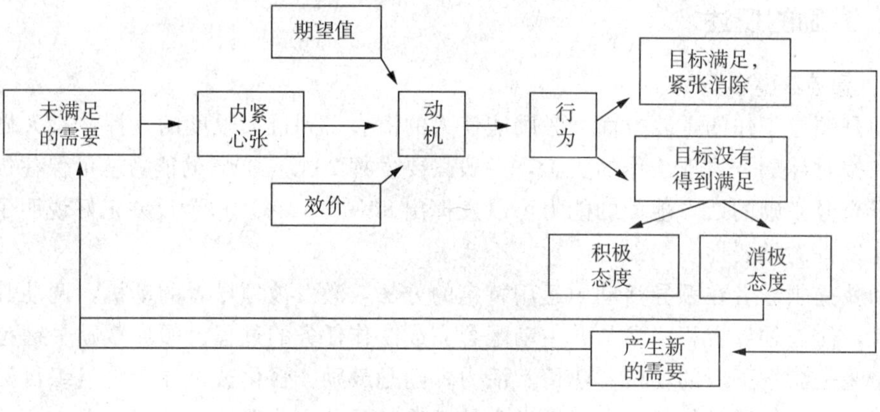

图 5－6　激励的过程图

（四）激励的作用

1. 激励是实现组织目标的需要

组织的目标取决于员工的绩效，一个员工对于组织的价值并不完全取决于他的能力而主要取决于他的工作动机，也就是他的积极性。员工的动机不是与生俱来的，需要管理者对其进行激励来调动。员工努力的程度取决于目标对他的吸引力，在于目标能够在多大程度上满足员工的需要，激励就是要让员工产生内在动力，在满足自身需要的同时，为组织作出贡献。

2. 开发员工的潜在能力，促进在职员工充分发挥其才能和智慧

美国哈佛大学的威廉·詹姆斯（W. James）教授在对员工激励的研究中发现，按时计酬的分配制度仅能让员工发挥20％～30％的能力，如果受到充分激励的话，员工的能力可以发挥出80％～90％，两种情况之间60％的差距就是有效激励的结果。管理学家的研究表明，员工的工作绩效是员工能力和受激励程度的函数，即绩效＝F（能力×激励）。如果

把激励制度对员工创造性、革新精神和主动提高自身素质的意愿的影响考虑进去的话，激励对工作绩效的影响就更大了。

3. 吸引和留住优秀人才

在发达国家的许多企业中，特别是那些竞争力强、实力雄厚的企业，通过各种优惠政策、丰厚的福利待遇、快捷的晋升途径来吸引企业需要的人才。同时激励也可以成为挽留优秀人才的利器。

4. 造就良性的竞争环境

科学的激励制度包含有一种竞争精神，它的运行能够创造出一种良性的竞争环境，进而形成良性的竞争机制。在具有竞争性的环境中，组织成员就会受到环境的压力，这种压力将转变为员工努力工作的动力。正如麦格雷戈所说："个人与个人之间的竞争，才是激励的主要来源之一。"在这里，员工工作的动力和积极性成了激励工作的间接结果。

（五）激励的原则

1. 目标结合原则

在激励机制中，设置目标是一个关键环节。目标设置必须同时体现组织目标和员工需要的要求。

2. 物质激励和精神激励相结合的原则

物质激励是基础，精神激励是根本。在两者结合的基础上，逐步过渡到以精神激励为主。

3. 引导性原则

外激励措施只有转化为被激励者的自觉意愿，才能取得激励效果。因此，引导性原则是激励过程的内在要求。

4. 合理性原则

激励的合理性原则包括两层含义：①激励的措施要适度，要根据所实现目标本身的价值大小确定适当的激励量；②奖惩要公平。

5. 明确性原则

激励的明确性原则包括三层含义：①任务明确，激励的目的是需要做什么和必须怎么做；②公开性，特别是分配奖金等大量员工关注的问题时更为重要；③直观性，实施物质奖励和精神奖励时都需要直观地表达它们的指标，总结和授予奖励和惩罚的方式。直观性与激励影响的心理效应成正比。

6. 时效性原则

要把握激励的时机，"雪中送炭"和"雨后送伞"的效果是不一样的。激励越及时，越有利于将人们的激情推向高潮，使其创造力连续有效地发挥出来。

7. 正激励与负激励相结合的原则

所谓正激励就是对员工符合组织目标的期望行为进行奖励，所谓负激励就是对员工违背组织目的的非期望行为进行惩罚。正负激励都是必要而有效的，不仅作用于当事人，而且会间接地影响周围其他人。

8. 按需激励原则

激励的起点是满足员工的需要，但员工的需要因人而异、因时而异，并且只有满足最迫切需要（主导需要）的措施，其效价才高，其激励强度才大。因此，领导者必须深入地进行调查研究，不断了解员工需要层次和需要结构的变化趋势，有针对性地采取激励措施，才能收到实效。

（六）激励的类型

不同的激励类型对行为过程会产生不同程度的影响，所以激励类型的选择是做好激励工作的一项先决条件。

1. 物质激励与精神激励

虽然二者的目标是一致的，但是它们的作用对象却是不同的。前者作用于人的生理方面，是对人物质需要的满足，后者作用于人的心理方面，是对人精神需要的满足。随着人们物质生活水平的不断提高，人们对精神与情感的需求越来越迫切，比如期望得到爱、得到尊重、得到认可、得到赞美、得到理解等。

2. 正激励与负激励

所谓正激励就是当一个人的行为符合组织的需要时，通过奖赏的方式来鼓励这种行为，以达到持续和发扬这种行为的目的。所谓负激励就是当一个人的行为不符合组织的需要时，通过制裁的方式来抑制这种行为，以达到减少或消除这种行为的目的。

正激励与负激励作为激励的两种不同类型，目的都是要对人的行为进行强化，不同之处在于二者的取向相反。正激励起正强化的作用，是对行为的肯定；负激励起负强化的作用，是对行为的否定。

3. 内激励与外激励

所谓内激励是指由内酬引发的、源自工作人员内心的激励；所谓外激励是指由外酬引发的、与工作任务本身无直接关系的激励。

内酬是指工作任务本身的刺激，即在工作进行过程中所获得的满足感，它与工作任务是同步的。追求成长、锻炼自己、获得认可、自我实现、乐在其中等内酬所引发的内激励，会产生一种持久性的作用。

外酬是指工作任务完成之后或在工作场所以外所获得的满足感，它与工作任务不是同步的。如果一项又脏又累、谁都不愿干的工作有一个人干了，那可能是因为完成这项任务，将会得到一定的外酬——奖金及其他额外补贴，一旦外酬消失，他的积极性可能就不存在了。所以，由外酬引发的外激励是难以持久的。

二、“人性”的假设

领导者采用什么样的方式激励下属，取决于领导者对于下属是怎么认知的。关于人性的假设一共有四种类型。

（一）“经济人”的假设

“经济人”假设的提出者是经济学之父亚当·斯密。该假设认为人是以一种合乎理性的、精打细算的方式行事，人的行为受经济因素的推动和激发，而经济因素是受企业控制的，人在企业里处于被动的、受控制的地位。这是传统的管理思想。

与之相应，激励的主要手段就是“胡萝卜加大棒”，即运用奖励和惩罚“两手”，来激发员工产生领导者所要求的行为。

（二）“社会人”的假设

“社会人”假设的提出者是人际关系学说的代表人物梅奥。该假设认为人是受社会需要所激励的，集体伙伴的社会力量要比上级主管的控制力量更加重要。这是初期的人际关系论的思想。

与之对应的，领导者应该关心和体贴员工，重视员工之间的社会交往关系，通过培养和形成员工的归属感来调动人的积极性，以此来提高生产效率。

（三）“自我实现人”的假设

“自我实现人”假设的提出者是需求层次理论的代表人物马斯洛。该假设认为人是自我激励、自我指导和自我控制的，要求提高和发展自己的能力并充分发挥个人的潜能。

企业就应当把人作为宝贵的资源来看待，通过提供富有挑战性的工作使人的个性不断成熟并体验到工作的内在激励。

（四）“复杂人”的假设

“复杂人”假设的提出者是沙因，这是在20世纪60年代末、70年代初提出的对待人性的一种权变思想。它认为现实组织中存在着各种各样的人，不能把所有的人都简单化、一般化地归类为前述某一种假设之下，而应该看到不同的人以及同一个人在不同的场合会有不同的动机需要。

认识到人是千差万别的，因而激励的措施也应该力图多样、变动，并根据具体的人灵活机动地采取合适的激励办法。

三、激励理论

通常我们把激励理论分为三大类：内容型激励理论、过程型激励理论和行为修正型激励理论。

（一）内容型激励理论

内容型激励理论重点研究激发动机的诱因是什么，主要包括马斯洛的“需求层次理论”、赫兹伯格的“双因素理论”、麦克利兰的“成就需要理论”、奥尔德弗的“ERG 理论”等。

1. 马斯洛的“需求层次理论”

马斯洛的需求层次理论有两个基本论点：

第一，人是有需要的动物，尚未满足的需要能够影响行为。

第二，人的需要都有轻重层次，某一层需要得到满足后，另一个需要才出现。

马斯洛将人的需要划分了五个层次，从底层到高层依次是：

① 生理需要（衣食住行的需要）。

② 安全需要（免受身体和情感伤害的需要，包括当下安全和未来安全）。

③ 社交的需要（友谊、爱情、归属及接纳的需要）。

④ 尊重的需要（包括内部尊重和外部尊重，内部尊重包括自尊、自主和成就感；外部尊重包括地位、认可和关注）。

⑤ 自我实现的需要（成长与发展、发挥自身潜能、实现理想的需要）。

五种需要像阶梯一样从低到高，按层逐级递升，但这种秩序不是完全固定的，可以变化，也有种种例外情况。一般来说，某一层次的需要相对满足后，就会向更高一层次发展，追求更高层次的需要就称为驱使行为的动力。相应地，获得基本满足的需要就不再是一般激励力量。五种需要可以分为低级高级，其中生理需要、安全需要称为较低级需要，而社交需要、尊重需要与自我实现的需要称为较高级的需要。高级需要是从内部使人得到满足，低级需要则主要是从外部使人得到满足。同一时期，一个人可能有几种需要，但每一时期总有一种需要占支配地位，对行为起决定作用。需要层次理论给管理者的启示是，下属的需要是多种多样的，同一下属在不同时期需求也会发生变化，因此激励的手段不能千篇一律，也不能一成不变。

2. 赫兹伯格的“双因素理论”

双因素是指保健因素和激励因素。

保健因素是指当某种因素低于一定水平时，会引起职工的不满；当这类因素得到改善时，职工的不满就会消除。但是，保健因素对职工起不到激励的积极作用。其归纳为十项：企业的政策与行政管理；监督；与上级的关系；与同事的关系；与下级的关系；工资；工作安全；个人生活；工作条件；地位。

激励因素是指这类因素具备时，可以起到明显的激励的作用；当这类因素不具备时，也不会造成职工的极大不满。其归纳为六项：工作上的成就感；受到重视；提升；工作本身的性质；个人发展的可能性；责任。

根据赫兹伯格的研究发现，经理人应该认识到保健因素是必需的，不过它一旦使不满意中和以后，就不能产生更积极的效果。只有“激励因素”才能使人们有更好的工作成绩。

双因素理论告诉我们，满足各种需要所引起的激励深度和效果是不一样的。物质需求的满足是必要的，没有它会导致不满，但是即使获得满足，它的作用往往是很有限的、不能持久的。要调动人的积极性，不仅要注意物质利益和工作条件等外部因素，更重要的是要注意工作的安排、量才使用、个人成长与能力提升等，注意对人进行精神鼓励，给予表扬和认可，注意给人以成长、发展、晋升的机会。随着人们对物质“小康”的问题的解决，人们对精神“小康”的需求也越来越迫切。双因素理论对企业管理的基本启示是要调动和维持员工的积极性，首先要注意保健因素，以防止不满情绪的产生。但更重要的是要利用激励因素去激发员工的工作热情，努力工作，创造奋发向上的局面，因为只有激励因素才会增加员工的工作满意感。

3. 麦克利兰的“成就需要理论”

他认为，人在生存需要基本得到满足的前提下，对工作有三种需要：权力需要、归属需要和成就需要。

① 成就需要：指渴望完成有挑战性的事情，获得某种高的成功标准，掌握复杂的工作以及超过别人。

② 归属需要：渴望结成紧密的个人关系、回避冲突以及建立亲切的友谊。

③ 权力需要：渴望影响或控制他人、为他人负责以及拥有高于他人的职权的权威。

麦克利兰指出，有着强烈成就需要的人，是那些倾向于成为企业家的人。他们喜欢比竞争者把事情做得更好，并且敢于冒商业风险。另一方面，有着强烈依附感需要的人，是成功的“整合者”，他们的工作是协调组织中几个部门的工作。整合者包括品牌管理人员和项目管理人员，他们必须具有过人的人际关系技能，能够与他人建立积极的工作关系。不过，麦克利兰指出，这种需要一直未引起研究人员的足够重视，高归属需要者喜欢合作而不是竞争的环境，希望彼此间能沟通和理解。而有着强烈权力需要的人，则经常有较多的机会晋升到组织的高级管理层。相比之下，有强烈的成就需要，但没有强烈的权力需要的人，容易登上他们职业生涯的顶峰，只不过职位的组织层次较低。原因在于，成就需要可以通过任务本身得到满足，而权力的需要，只能通过上升到某种高于他人权力层次才能得到满足。

4. 奥尔德弗的“ERG 理论”

ERG 理论是美国耶鲁大学的克雷顿·奥尔德弗在马斯洛提出的需求层次理论的基础上，进行了更接近实际经验的研究，提出了一种新的人本主义需要理论。奥尔德弗认为，人们共存在 3 种核心的需要，即生存（Existence）的需要、相互关系（Relatedness）的需要和成长发展（Growth）的需要，因而这一理论被称为 ERG 理论。

① 生存需要——与人们基本的物质生存需要有关，即生理和安全需求（如衣、食、行等），关系到人的存在或生存，这实际上相当于马斯洛理论中的前两个需求。

② 相互关系的需要——指人们对于保持重要的人际关系的要求。这种社会和地位的需要的满足是在与其他需要相互作用中达成的，与马斯洛的社会需要和自尊需要分类中的外在部分是相对应的。

③ 成长需要——表示个人谋求发展的内在愿望，包括马斯洛的自尊需要分类中的内在部分和自我实现层次中所包含的特征。

奥尔德弗的 ERG 理论相比较马斯洛的需求层次理论不同的是，奥尔德弗将人的需要归纳为三种需要，同时表明三种需要可以在同一时期并存，ERG 理论还提出了一种叫作“挫折—倒退”的维度，即如果较高层次需要的满足受到抑制的话，那么人们对较低层次的需要的渴望会变得更加强烈。马斯洛的需要层次是一种刚性的阶梯式上升结构，即认为较低层次的需要必须在较高层次的需要满足之前得到充分的满足，二者具有不可逆性。而相反的是，ERG 理论并不认为各类需要层次是刚性结构，比如说，即使一个人的生存和相互关系需要尚未得到完全满足，他仍然可以为成长发展的需要工作，而且这三种需要可以同时起作用。

（二）过程型激励理论

过程型激励理论重点研究从动机产生到采取行动的心理过程，主要包括弗鲁姆的“期望理论”、亚当斯的“公平理论”等。

1. 弗鲁姆的“期望理论”

“期望理论”亦称“效价—手段—期望理论”，是北美著名心理学家和行为科学家维克托·弗鲁姆于 1964 年在《工作与激励》中提出来的激励理论。弗鲁姆认为，人总是渴求满足一定的需要并设法达到一定的目标。这个目标在尚未实现时，表现为一种期望，这时目标反过来对个人的动机又是一种激发的力量，而这个激发力量的大小，取决于目标价值（效价）和期望概率（期望值）的乘积。

$$M=V\times E$$

M——Motivation，动机；

V——Valence，效价；

E——Expectancy，期望值。

效价（V）——一个人对某项工作及其结果能够给自己带来满足程度的评价。

期望值（E）——人们根据过去经验判断自己达到某种目标或满足需要可能性大小。

弗鲁姆的期望理论是以下列两个前提展开的：①人们会主观地决定各种行动所期望的结果的价值，所以，每个人对结果的期望各有偏好；② 任何对行为激励的解释，不但要考虑人们所要完成的目标，也要考虑人们为得到偏好的结果所采取的行动。弗鲁姆说，当一个人在结果难以预料的多个可行方案中进行选择时，他的行为不仅受其对期望效果的偏好影响，也受他认为这些结果可能实现程度的影响。

怎样使激发力量达到最好值，弗鲁姆提出了人的期望模式：

个人努力→个人成绩（绩效）→组织奖励（报酬）→个人需要

在这个期望模式中的四个因素，需要兼顾几个方面的关系。

① 努力和绩效的关系。这两者的关系取决于个体对目标的期望值。期望值又取决于目标是否合适个人的认识、态度、信仰等个性倾向及个人的社会地位、别人对他的期望等社会因素，即由目标本身和个人的主客观条件决定。

② 绩效与奖励关系。人们总是期望在达到预期成绩后，能够得到适当的合理奖励，如奖金、晋升、提级、表扬等。组织的目标，如果没有相应有效的物质和精神奖励来强化，时间一长，积极性就会消失。

③ 奖励和个人需要关系。奖励什么要适合各种人的不同需要，要考虑效价。要采取多种形式的奖励，满足各种需要，最大限度地挖掘人的潜力，最有效地提高工作效率。

④ 需要的满足与新的行为动力之间的关系。当一个人的需要得到满足之后，他会产生新的需要和追求新的期望目标。需要得到满足的心理会促使他产生新的行为动力，并对实现新的期望目标产生更高的热情。

2. 亚当斯的“公平理论”

亚当斯的公平理论又称社会比较理论，由美国心理学家约翰·斯塔希·亚当斯于1965年提出：员工的激励程度来源于对自己和参照对象的报酬和投入的比例的主观比较感觉。该理论是研究人的动机和知觉关系的一种激励理论。公平理论的基本观点是：当一个人做出了成绩并取得了报酬以后，他不仅关心自己的所得报酬的绝对量，而且关心自己所得报酬的相对量。因此，他要进行种种比较来确定自己所获报酬是否合理，比较的结果将直接影响今后工作的积极性。付出劳动包括体脑力消耗、技术水平高低、工龄长短、工作态度等，获得的报酬包括工资、奖金、晋升、名誉、地位等。相对报酬可以从横向和纵向两个方面比较。横向比较是自己同他人的比较，纵向比较是自己的现在同过去的比较。

（1）横向比较

所谓横向比较，即一个人要将自己获得的“报偿”（包括金钱、工作安排以及获得的赏识等）与自己的“投入”（包括教育程度、所做努力、用于工作的时间精力和其他无形损耗等）的比值与组织内其他人做社会比较，只有相等时他才认为公平。如下式所示：

$$OP/IP=OC/IC$$

其中，OP 表示自己对所获报酬的感觉；OC 表示自己对他人所获报酬的感觉；IP 表示自己对个人所作投入的感觉；IC 表示自己对他人所作投入的感觉。

当上式为不等式时，可能出现以下两种情况：

① 前者小于后者。他可能要求增加自己的收入或减少自己今后的努力程度，以便使

左方增大，趋于相等；第二种办法是他可能要求组织减少比较对象的收入或让其今后增大努力程度以便使右方减少，趋于相等。此外，他还可能另外找人作为比较对象以便达到心理上的平衡。

② 前者大于后者。他可能要求减少自己的报酬或在开始时自动多做些工作，久而久之他会重新估计自己的技术和工作情况，最终觉得他确实应当得到那么高的待遇，于是产量便又会回到过去的水平了。

(2) 纵向比较

所谓纵向比较，即把自己目前投入的努力与目前所获得报偿的比值，同自己过去投入的努力与过去所获报偿的比值进行比较，只有相等时他才认为公平。如下式所示：

$$OP/IP=OH/IH$$

其中，OH 表示自己对过去所获报酬的感觉；IH 表示自己对个人过去投入的感觉。当上式为不等式时，人也会有不公平的感觉，这可能导致工作积极性下降。当出现这种情况时，人不会因此产生不公平的感觉，但也不会感觉自己多拿了报偿从而主动多做些工作。调查和实验的结果表明，不公平感的产生绝大多数是由于经过比较认为自己目前的报酬过低而产生的，但在少数情况下也会由于经过比较认为自己的报酬过高而产生。

公平理论对企业管理的启示是领导者或管理者在进行利益分配时要依据下属在工作过程中付出、绩效的好坏进行，不能采用所谓的绝对公平一刀切的方法。

(三) 行为修正型激励理论

行为修正型激励理论重点研究激励的目的，即改造和修正行为。主要包括斯金纳的"强化理论"、凯利的"归因理论"等。

1. 斯金纳的"强化理论"

斯金纳的强化理论基于一个基本假设：一个行为的结果如得到奖励，该行为的频次就会增加；反之，一个行为招致惩罚的后果，该行为频次就会减少。强化的方式可以分为四类：

(1) 正强化

正强化就是提供令人满意的结果，如奖励、提薪、表扬、晋升和给予进修机会等，这些措施无疑会使人努力表现出所希望的行为，如按时上下班，按要求保质、保量完成任务等。

(2) 负强化

负强化就是通过建立一种对员工来说是令人不愉快的环境，使员工产生领导者或组织所希望的行为，以避免给自己带来不合意的结果，例如恐吓、威胁。

(3) 惩罚

惩罚就是提供令人不满意的结果，如扣薪金和奖金、批评处分、降职甚至开除等，这些措施可以阻止该行为继续发生下去。

(4) 自然消退

自然消退一般指从"冷处理"或"无为而治"角度使这种行为消除。如开会时，要是管理者不希望下属提出无关的或干扰性的问题则可以用冷处理方式来消除这种行为，也即当这些员工举手要发言时，无视他们的表现，那么举手行为必然因得不到强化而自行消失。

2. 凯利的“归因理论”

归因理论是美国心理学家凯利等人提出来的。目前归因理论着重研究两个方面：一个方面是把行为归结为外部原因还是内部原因；另一个方面是人们获得成功或遭受到失败的归因倾向。人们的行为获得成功还是遭受失败可以归因于四个要素，即努力、能力、任务难度和机遇。这四个因素可以按以下三个方面来划分。

① 内因或外因：努力和能力属于内因，任务难度和机遇属于外因。

② 稳定性：能力和任务难度是稳定的，努力和机遇是不稳定的。

③ 可控性：努力是可控的，能力、任务难度、机遇是不可控的。

人们把成功或失败归因于何种因素，对以后的工作态度和积极性有很大影响。如把成功归因于内部因素，会使人感到满意和自豪，归因于外部原因，会使人感到幸运和感激；把失败归因于稳定因素，会降低以后工作的积极性，归因于不稳定因素，可能提高以后的工作积极性等。

归因理论有助于主管人员了解下属的归因倾向，以便正确指导和训练正确的归因倾向，调动下属的积极性。

第三节　沟通概述与沟通障碍

沟通是人们社会活动的重要组成部分，沟通几乎伴随着人们各种社会活动而存在。在各类组织中，管理的有效性在很大程度上取决于良好的沟通，管理专家斯蒂芬·罗宾斯认为，管理者所做的每件事都包含着沟通。而且组织的管理层级越高，沟通对管理者越重要，管理者用于沟通上的时间也越多。

一、沟通的含义

沟通是指可理解的信息或思想在两个或两个以上人群中的传递或交换的过程，目的是激励或影响人的思想或行为。

整个管理工作都和沟通有关。在组织内部，有员工之间的沟通、员工与工作团队之间的沟通、工作团队之间的沟通；在组织外部，有组织与客户之间的沟通、组织之间的沟通。

随着信息手段的现代化和经济活动的全球化，企业已经不太可能采取一般性的纵向整合方式扩大企业的边界，企业的盈利区间开始向企业之间的关系领域移动，即网络形式正在与企业纯粹的市场交易关系共存。这样一来，虽然可能增大企业与别的组织之间的协调成本，但同时因信息的传递和共享，又会降低企业的交易成本或因市场组织复杂化而产生的信息搜寻成本。

二、沟通的过程

从表面上看，沟通就是传递信息的过程。但是实际上，管理学意义上的沟通是一个复杂的过程，这种复杂过程如图 5－7 所示。

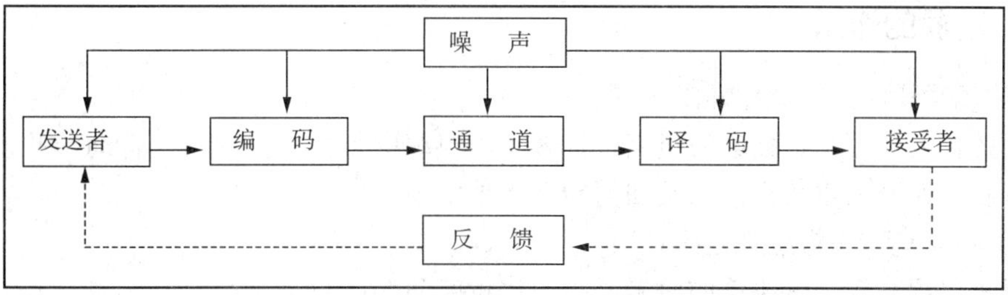

图 5-7　沟通的过程图

在这个过程中至少存在一个发送者和一个接受者，即信息发送方和信息接受方。其中沟通的载体成为沟通渠道，编码和解码分别是沟通双方对信息进行加工的形式。信息在两者之间的传递是通过下述几个方面进行的。

① 发送者需要向接受者传送信息或者需要接受者提供信息。

② 发送者将这些信息译成接受者能够理解的一系列符号。

③ 将上述符号传递给接受者。

④ 接受者接受这些符号。

⑤ 接受者将这些符号译为具有特定含义的信息。

⑥ 接受者理解信息的内容。

⑦ 发送者通过反馈来了解他想传递的信息是否被对方准确无误地接受。

三、沟通的类型

（一）按组织系统分为：正式沟通与非正式沟通

正式沟通的定义：以企业正式组织系统为渠道的信息传递。

非正式沟通的定义：以企业非正式组织系统或个人为渠道的信息传递。

（二）按方向分为：上行沟通、平行沟通、下行沟通

上行沟通的定义：下级将信息报告给上级，是由下而上的沟通。

平行沟通的定义：同级之间横向的信息传递，亦称横向沟通。

下行沟通的定义：上级将信息传递给下级，是由上而下的沟通。

（三）按是否进行反馈分为：单向沟通与双向沟通

单向沟通的定义：没有反馈的信息传递。

双向沟通的定义：有反馈的信息传递，是发送者和接受者相互之间进行信息交流的沟通。

（四）按功能划分：工具式沟通和感情式沟通

工具式沟通的含义：发送者将信息、知识、想法、要求传达给接受者，目的是影响和改变接受者的行为。

感情式沟通的含义：沟通双方表达情感，获得对方精神上的同情和谅解，最终改善相互之间的人际关系。

（五）按借助中介或手段划分

按借助中介或手段划分，可分为口头沟通、书面沟通、非语言沟通、体态沟通、语调

沟通、电子媒介沟通。

四、沟通的作用

（一）沟通是组织实现目标的重要手段

沟通的首要作用是把抽象的组织目标转化为组织中每个成员的具体行动，并使成员意识到实现目标对其的重要意义以及如何能有效地实现目标。

（二）沟通有助于管理者更好地决策

沟通可以提高管理者决策的质量，缩短决策时间。

（三）沟通能有效激励员工

如果管理人员掌握良好的沟通技巧，会有效激发员工的工作积极性，提高员工士气，增强组织内部的凝聚力。

五、沟通的原则与要求

（一）沟通的原则

1. 明确性原则

所要传递的信息应为接收者准确无误的理解，为此要求发送者有较高的语言或文字表达能力，以免误传信息。

2. 完整性原则

管理者为了实现组织目标，促进组织成员的相互了解，就要进行信息沟通，除特殊情况外，主管人员不应越级直接同有关人员接触，或发布命令，违反统一指挥原理。

3. 战略上使用非正式组织的原则

主管人员可利用非正式组织来补充正式组织的情报传递，了解一些原先了解不到的情报。

4. 管理信息流原则

沟通过程中，对沟通的信息进行科学的处理，进行必要的过滤，去掉无关紧要的信息，保证传递信息质量高、数量适当。

5. 讲究语言艺术性原则

语言是管理沟通最基本的手段，能否正确、有效地使用语言，对沟通效果影响极大。管理者要讲究语言艺术，提高沟通语言的简洁性、准确性、针对性和趣味性，以提高沟通的有效性。

6. 及时反馈原则

反馈可以排除噪音和信息失真，增强沟通的有效性。

（二）沟通的要求

① 力求表达清楚；

② 传递力求准确；

③ 避免过早评价；

④ 消除下级人员顾虑；

⑤ 管理人员必须积极沟通；

⑥ 对沟通过程加以控制。

六、组织沟通

（一）人际沟通

1. 含义

人际沟通是指人与人之间的信息和情感的交流。人际沟通是信息领域中最为基本的部分，其主要目的在于建立和维持人际关系。有效的管理沟通是以人际沟通为保障的。人际沟通通常采用四种形式：口头沟通、书面沟通、非语言沟通、电子媒介沟通。

2. 人际沟通的障碍原因

（1）信息过滤

故意操纵信息，使信息显得对接受者更为有利。譬如下级给上级汇报工作，报喜不报忧。

（2）情绪

在接收信息时，接受者的感觉也会影响到他对信息的解释。当接受者情绪不稳定或者低落时，对信息的理解会发生偏差。

（3）非语言提示

总是与口头沟通相伴，如果二者协调一致，则会彼此强化。

（4）选择性知觉

在沟通过程中，接受者会根据自己的需要、动机、经验、背景及其个人特点有选择地去看或去听信息。

（5）语言的理解

同样的词汇对不同的人来说含义是不一样的。

（6）信息超载

信息超出我们的处理能力。

3. 人际沟通改善的途径

① 积极倾听；

② 运用反馈；

③ 简化语言；

④ 抑制情绪；

⑤ 注意非语言提示。

（二）组织沟通

组织既是一个由各种各样的人组成的群体，又是一个由充当着不同角色的组织成员所构成的整体。在一个组织内部，既存在着人与人之间的沟通，也存在着部门与部门之间的沟通。作为管理者，除了要搞好人际沟通外，还要关心部门与部门之间的沟通问题。组织沟通是指在组织内部进行的信息交流、联系和传递活动。良好的组织沟通是疏通组织内外渠道、协调组织内各部分之间的关系的重要条件。在一个组织中，既有非正式的人际关系，又有正规的权力系统。因此组织沟通分为正式沟通和非正式沟通。

1. 正式沟通

正式沟通是通过组织明文规定的渠道进行信息的传递和交流。在正式的沟通渠道中存在五种典型的沟通网络，即轮式、“Y”式、链式、圆周式和全通道式，这些沟通网络对群体活动效率有不同的影响，如图 5-8 所示。

沟通网络	轮式	“Y”式	链式	圆周式	全通道式
图示	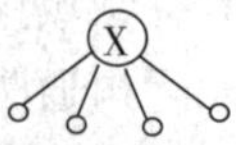	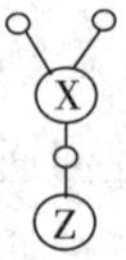	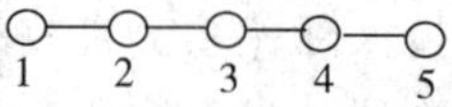	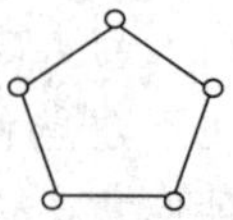	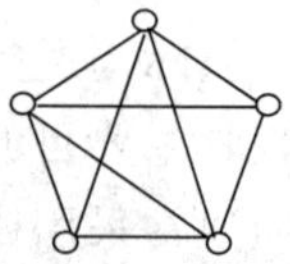
领导明确性	高	高	中等	中等	低
成员满意感	低	低	中等	中等	高
任务复杂	低	低	中等	中等	高
任务简单	高	高	中等	中等	中等

图 5-8　五种沟通网络比较图

（1）轮式沟通

轮式沟通属于控制型网络，其中只有一个成员是各种信息的汇集点与传递中心。在组织中，大体相当于一个主管领导直接管理几个部门的权威或控制系统。此网络集中化程度高，解决问题的速度快。主管人员的预测程度很高，而沟通的渠道很少，组织成员的满意程度低，士气低落。

（2）“Y”式沟通

这是一个纵向沟通网络，其中只有一个成员位于沟通的中心，成为沟通的媒介。在组织中，这一网络大体相当于组织领导到秘书班子再到下级主管人员的纵向关系，这种网络集中化程度高，解决问题速度快，组织中领导人员预测程度较高。除中心人员外，组织成员的平均满意度较低。

（3）链式沟通

链式沟通是指人们只与群体中的某些人沟通，而他们各自又有沟通的对象，谁是领导不明确。在这种网络中，成员的满意感比轮式强一些。从群体绩效来看，这种网络在完成简单和复杂任务时，绩效都属中等。其主要缺点是协同能力差，它不像一个集体，领导权威比较弱。

（4）圆周式

圆周式与链式非常相似，唯一的区别是首尾二人有联系，其优缺点与链式的也很相似。

（5）全通道式

在此网络中，所有的人都可以与其他任何一人沟通。其结果是领导不明确，似乎每一个成员都有决策权。在全通道网络中，群体成员满意感很高，完成复杂任务的绩效也很高。当任务简单时，绩效只是中等，主要是其所费的时间较长。由于时间是最有价值的资源，所以在解决简单任务时，最好使用轮式沟通网络。

2. 非正式沟通

非正式沟通主要指的是通过小道消息沟通。戴维斯曾对小道消息的传播进行了研究，发现有四种传播方式。

单线式的传播方式是通过一连串的人把消息传播给最终的接收者；流言式是一个人主动把小道消息传播给其他人；偶然式是按偶然的机会传播小道消息；集束式是把小道消息有选择地告诉自己的朋友或有关的人，如图 5－9 所示。

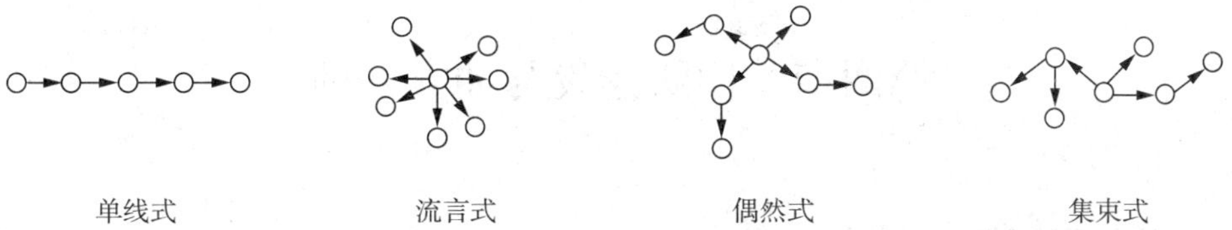

图 5－9　四种小道消息传播网络

3. 组织沟通的障碍的原因

（1）个人因素

它包括两大类：有选择地接受和沟通技巧的差异。有选择性地接受是片面地接受，指人们拒绝接受他们不期待的东西，而片面地接受他们期待的东西。研究表明，人们往往能够听到或看到他们情感上愿意听到或看到的东西。如果一个人沟通技巧比较差，没有自己的想法和创意，又不能进行学习和锻炼，那么往往容易在沟通中产生障碍，为小问题三言两语就引发冲突。

（2）人际因素

人际因素是指沟通双方相互信任或情感上的关系不同，形成对沟通信息的不同接受程度，主要包括沟通双方的相互信任、信息来源的可靠性度、发送者与接收者之间的相似程度。

（3）结构因素

结构因素主要包括地位差别、信息传递链、团体规模、空间约束等因素。研究表明：①地位的高低对沟通的方向和频率有很大的影响，地位悬殊越大，信息越是倾向于从地位高的向地位低的流动。②在传递链方面，信息通过的等级越多，到达目的地的时间越长，失真可能性就越大。③团体规模越大，则沟通越困难。④空间距离越短，交往的可能性越大，沟通也就越容易。

（4）客观因素

其主要包括语言和非语言暗示、媒介的有效性、信息过量。语言和文字上，沟通双方很少是对称的，特别是在有众多的沟通者的情况下，语言的这种内在一致性就会变得很差，所以表面上语言的不准确是由于一种符号的不准确引发的，但实际上是由于语言的内在背景而引发的。沟通工具的有效性是大多数管理者会关心的问题。不同的沟通目的、不同的沟通内容会对应不同的沟通媒介的有效性。关于信息量，并不是信息量越大越好，甚至有时候，没有信息量的沟通也会达到很好的效果。

4. 实现有效沟通的途径

① 明了沟通的重要性，正确对待沟通。

② 培养“听”的艺术。

③ 创造一个相互信任、有利于沟通的小环境。

④ 缩短信息传递链，拓宽沟通渠道，保证信息的畅通无阻和完整性。

⑤ 建立特别委员会，定期加强上下级的沟通。

⑥ 非管理工作组。

⑦ 加强平行沟通，促进横向交流。

第四节　团队建设与冲突处理

一、团队和群体的定义

群体是指两个或两个以上的人为了实现特定的目标，满足特定的需求而形成的相互作用的联合体。团队也是一个群体，是其成员紧密合作以实现一个特定的、共同的目的或目标。团队和群体在日常生活中经常被混为一谈，但两者有本质性的区别。

① 在领导方面，作为群体应该有明确的领导人；团队可能不一样，发展到成熟阶段，成员共享决策权。

② 目标方面，群体的目标必须与组织保持一致，但团队除此之外，还可以产生自己的目标。

③ 协作方面，协作性是群体和团队最根本的差异，群体的协作性可能是中等程度的，有时成员有些消极，有些对立；但团队中通常有一种齐心协力的气氛。

④ 技能方面，群体成员的技能可能是不同的，也可能是相同的，而团队成员的技能是相互补充的，把不同知识、技能和经验的人综合在一起，形成角色互补，从而达到整体团队的有效组合。

⑤ 结果方面，群体的绩效是每一个个体的绩效相加之和，团队的结果或绩效是由大家共同合作完成的产品。

从群体发展到真正的团队需要一个过程，需要一定的时间磨炼。这个过程分为几个阶段：

第一阶段，由群体发展到所谓的伪团队；

第二阶段，由伪团队发展到潜在的团队；

第三阶段，由潜在的团队发展为一个真正的团队，它具备团队的一些基本特征。真正的团队距离高绩效的团队还比较遥远。

二、团队的构成要素

团队有几个重要的构成要素，可总结为“5P”：目标（Purpose）、人（People）、团队定位（Place）、权限（Power）、计划（Plan）。

（一）目标

团队应该有一个既定的目标，为团队成员导航，知道要去向何处，没有目标的团队就没有存在的价值。

（二）人

人是构成团队最核心的力量。3个以上的人就可以构成团队。目标是通过人员具体实现的，所以人员的选择是团队中非常重要的一项工作。在一个团队中可能需要有人出主意，有人定计划，有人实施，有人协调不同的人一起完成工作，还有人去监督团队工作的进展，评价团队最终的贡献。不同的人通过分工来共同完成团队的目标，在人员选择方面要考虑人员的能力如何、技能是否互补、人员的经验如何。

（三）团队定位

团队的定位包含两层意思：团队的定位——团队在企业中处于什么位置，由谁选择和决定团队的成员，团队最终应对谁负责，团队采取什么方式激励下属？个体定位——作为成员在团队中扮演什么角色，是制定计划还是具体实施或评估？

（四）权限

团队当中领导人的权力大小跟团队的发展阶段密切相关，一般来说，团队越成熟领导者所拥有的权力相应越小，在团队发展的初期阶段领导权相对集中。团队权限关系到两个方面：

① 整个团队在组织中拥有什么样的决定权？如财务决定权、人事决定权、信息决定权。

② 组织的基本特征。如组织的规模有多大、团队的数量是否足够多、组织对于团队的授权有多大、它的业务是什么类型。

（五）计划

计划涉及两个方面的内容：目标最终的实现，需要一系列具体的行动方案，可以把计划理解成目标的具体工作的程序；提前按计划进行可以保证团队的顺利进度。只有在计划的操作下团队才会一步一步地贴近目标，从而最终实现目标。

三、团队建设

（一）含义

团队建设包括完善、合理的规划结构；针对性的培训；良好的服务意识；整体能力提升的过程。

（二）建设的路径

① 从主观向教练转变，下定决心，让团队在最大程度上实现自治。教练要确保团队培养起必要的技能，获得向上的动力，得到必需的设备，并且能够有效地准备比赛。

② 注重团队的成功而不是个人的成功。要拥有一个高效的团队，就不能让团队成员只关注自己的工作，必须让组织成员关注整个团队的工作的完成。解决方法是：确保团队中的每个人都知道整体的任务是什么；确保每个人都致力于完成整体的任务，而不仅仅是自己手头上的工作；鼓励所有的员工一起工作，并把自己视为团队的一员。

③ 不要孤立地对待每一位团队成员。要关注每个成员为团队的整体表现做出了哪些贡献。当一个人付出并取得一定效果的时候，这个时候不要对他的成果视而不见，而是要对人对事进行表扬，这样才会聚集成员的向心力。

④ 团队应该有规则。团队应该有基本准则，每个人都必须遵守这些准则，把团队召集起来，向大家阐明：任何团队都需要行政规范和人际规范。

⑤ 让团队来做“好人”。当付出时，不要吝啬将功劳放到你的团队身上。

⑥ 积极暴露冲突是为了解决冲突。要防止团队一团和气或冲突不断。

⑦ 改变团队的行为方式。要允许、鼓励提出不同意见，使反对意见成为团队创造力的来源。

⑧ 积极组织有效的团队活动。例如工作技能操作大赛、文艺晚会等。

四、冲突管理

凡是有人的地方，就存在着冲突，冲突是客观存在的、管理者无法回避的一个事实。相关调查表明，管理者有20%的时间都用在解决下属之间的矛盾与冲突上，并且能否有效解决冲突直接关系到领导者领导活动的成败。

（一）冲突的含义

冲突乃有关双方在观念和行为上的对立或对抗，是一种在满足各自需要的过程中遇到挫折、阻力或力图超越现状时的心理紧张和压力及其外部表现。

（二）冲突的层次

① 个人内心的冲突；

② 人际的冲突；

③ 群体内部的冲突；

④ 群体间的冲突；

⑤ 部门间的冲突；

⑥ 国家间的冲突。

（三）冲突的基本类型

1. 情绪性冲突

情绪性冲突是由个人情感、性格方面的原因引起的。

2. 实质性冲突

实质性冲突是由工作中的不理解、不协调造成的。情绪性冲突的危害性远远大于实质性冲突，在工作中必须避免实质性冲突演变为情绪性冲突。

3. 建设性冲突

建设性冲突会给组织带来创意、活力和发展。

4. 破坏性冲突

破坏性冲突则是干扰组织目标顺利实现的障碍。

（四）冲突产生的原因

1. 硬根源

冲突源于冲突各方利益追求的多样化且趋向无限大，但社会或组织所能供给的资源却十分有限。所以，冲突是无所不在的。

2. 软根源

软根源主要是冲突双方在对待某些人和事上的观点迥异的原因。由于双方出生、成长的背景不同，对话语的理解程度不一样，情感反应的模式不同，对某些人和事的偏见也不一样。

（五）冲突的作用

1. 积极作用

① 促进问题的公开讨论；

② 促进问题的尽快解决；

③ 提高员工在组织事务中的参与程度；

④ 增进员工间的沟通与了解；

⑤ 化解积怨。

2. 消极作用

① 影响员工的心理健康；

② 造成组织内部的不满与不信任；

③ 导致员工和整个组织变得封闭、缺乏合作；

④ 阻碍组织目标的实现。

（六）解决冲突的策略

1. 回避、冷处理

回避方式指的是不武断和不合作的方式。个体运用这种方式来远离冲突、忽视争执，或者保持中立。回避方式反映了对紧张和挫折的反感，而且可能包括让冲突自己解决的决定。由于忽视了重要的问题会使他人感到灰心，所以总是用回避方式常导致他人的不利评价。

适用情景：

① 问题很细小或者只有短暂的重要性，所以不值得个体耗费时间和精力去面对冲突。

② 个体在当时没有足够的信息来有效地处理冲突。

③ 个体的权利对其他人而言太小以至于没有机会来形成变革。

④ 其他人可以更加有效地解决冲突的时候。

2. 强制方式

强制方式指的是武断和不合作的行为，同时也代表了对人际冲突的赢-输方法。那些运用强迫方式的人努力达到他们自己的目标而不考虑其他人。这一方式包括强制性权利和控制的方面。它将帮助个体获得个人目标，但是就像回避方式一样，强迫倾向会导致他人不利的评价。这种方式代表了一种通过管理者来将决定强加给对方的企图。由于员工的利益未被考虑，所以管理者过分依赖强迫方式降低了员工的工作动力。相关的信息和其他可能的选择方案通常就被忽视了。

适用情景：

① 紧急情况需要迅速的行动。

② 为了组织的长期有效和生存必须采取不受欢迎的行动（如因为不佳的组织绩效而削减开支和解雇员工）。

③ 个体需要采取行动保护自我和阻止他人利用自己的时候。

3. 迁就方式

迁就方式指的是合作和不武断的行为。迁就代表了一个不自私的行为，一个长期的被他人所鼓励的合作策略，或者是对其他人愿望的服从。运用迁就方式的个体是典型的被他人给予积极评价的人，但是他们也会被认为是软弱和顺从的。当运用迁就方式时，个体会表现得好笑，冲突将最终消失，同时他也求助于合作。个体将通过安慰和支持来努力降低紧张和压力，这种方式表示出了对迁就冲突的情感方面的关注，但却对于关注它的实质问题没什么兴趣。迁就方式仅仅导致个体掩饰或者掩盖个人的情感。如果将它作为主要解决冲突的方式，则基本上是无效的。

适用情景：

① 个体处于潜在的爆发性的情感冲突情景中，并用掩饰来使情景变得安全时。

② 在短期内保持协调和避免分裂格外重要时。

③ 冲突主要基于个体的人格而且不能轻易消除时，从短期看来迁就方式会比较有效。

4. 合作方式

合作方式是指强的合作和武断性的行为。它对人际冲突的解决而言是双赢的方式。运用合作方式的个体想使共同的结果最大化。这种个体倾向于：① 把冲突看作是自然的、有助益的以及如果处理得当会带来一个更有创意的方案；②表示对他人的信任和对他人的正直；③认识到冲突的解决使所有人满意的话，则所有人也将对这个解决方案给予承诺。运用合作方式的个体通常被视为是有能力的，并得到他人的积极评价。通过这种方式，冲突被公开地认识并被所有有关的人评价。分享、检查和评价冲突的原因将导致发展出一个有效的解决冲突并使所有相关的人都可以接受的解决方案。

适用情景：

① 当通过个体差异来开展工作往往要消耗额外的时间和精力，但合作方式所需的相互依赖性证明了这些消耗是有意义的时候。

② 当个体中有充分的权利均势以至于他们感到可以坦率地相互影响，而无须顾忌他们之间的正式上下级关系的时候。

③ 特别是从长远看来，双方有一个通过双赢的过程来解决争议，并有互惠互利的可能性的时候。

④ 有充分的组织支持，以投入必要的时间和精力来用这种方式解决争端的时候，合作方式是最有效的冲突解决方式。

⑤ 组织中的规范、奖赏和惩罚，尤其是那些由最高层管理者所设定的，为鼓励或阻碍合作提供了框架。

5. 妥协、折中方式

折中方式指的是中等水平的合作和武断性的行为。运用这种方法的个体进行平等交换并作出一系列的让步。折中是一种被广泛使用和普遍接受的解决冲突的方法。一个同他妥协的个体将更可能被积极地评价。对于折中方式的积极评价有很多解释，包括：①它基本上被视作一种合作性的“退让”；②它反映了一种实用主义的解决冲突的方法；③它有助于为未来保持良好的关系。

折中方式之所以不能用在冲突解决过程的早期有以下几个原因。首先，相关个体很可能在被宣称的争端而不是真正的争端上折中。冲突提出的第一个争端往往不是真正的争端，所以过早的折中将妨碍对真正争端的全面分析或探究。第二，接受一个最初的主张比寻找一个使所有相关的个体都满意的方案要简单得多。第三，当折中不是可以得到的最好的决策时，它对所有或部分的情景是不合适的，通过进一步讨论会找出一个解决冲突的更好的方法。

适用情景：

① 当一个致使每个人情况降耗，不解决每个人情况都会有损失，或者效果比达成一致情况不差的情景的（博弈中的上策）。

② 达到一个全部双赢协定完全不可能（纳什均衡）。

③ 冲突的目标或对立的利益阻止了对一个人的提议达成一致的时候，这种方式可能是适合的。

复习思考题

1. 何谓领导？领导在管理中的作用具体表现在哪些方面？
2. 简述领导权力的构成。
3. 菲德勒权变理论的主要观点是什么？
4. 路径—目标理论的主要观点是什么？
5. 领导生命周期理论的主要观点是什么？
6. 何谓需求层次理论？
7. 试介绍并评价期望理论的主要观点。
8. 何谓沟通？管理沟通的功能是什么？
9. 影响有效沟通的障碍有哪些？如何克服这些障碍？
10. 导致组织冲突的原因可能有哪些？如何有效管理组织冲突？

拓展实训一

谁的方式更有效

高明是一位空调销售公司的总经理。他刚接到有关公司销售状况的最新报告：销售额比去年同期下降了25%，利润下降了10%，而且顾客的投诉增加。更为糟糕的是公司内部员工纷纷跳槽，甚至还有几名销售分店的经理提出辞呈。他立即召集各主管部门的负责人开会讨论解决该问题。会上，高总说："我认为，公司的销售额之所以下滑都是因为你们领导不得力。公司现在简直成了俱乐部。每次我从卖场走过时，我看到员工们都在各处站着，聊天的、煲电话粥的，无处不有，对顾客却视而不见。他们关心的是多拿钱少干活。要知道，我们经营公司的目的是为了赚钱，赚不到钱，想多拿钱，门儿都没有。你们必须记住，现在我们迫切需要的是对员工的严密监督和控制。我认为现在有必要安装监听装置，监听他们在电话里谈些什么，并将对话记录下来，交给我处理。当员工没有履行职责时，你们要警告他们一次，如果不听的话，马上请他们走人！"

部门主管们对高总的指示都表示赞同。唯有销售部经理李燕提出反对意见。她认为问题的关键不在于控制不够，而在于公司没有提供良好的机会让员工真正发挥潜力。她认为每个人都希望展示自己的才干，为公司努力工作并做出贡献。所以解决问题的方式应该从和员工沟通入手，真正了解他们的需求，使工作安排富有挑战性，促使员工们以从事这一工作而自豪，同时在业务上给予指导，花大力气对员工进行专门培训。

然而，高总并没有采纳李燕的意见，而是责令所有的部门主管在下星期的例会上汇报要采取的具体措施。

思考题：

1. 高总是一位（　　）领导。

A. 专制型　　B. 民主型　　C. 放任型　　D. 中间型

2. 高总对员工的看法是基于（　　）。

A. 泰勒制　　B. 人际关系学说　　C. Y 理论　　D. 超 Y 理论

3. 李燕对员工的看法属于(　　)假设。

A. 经济人　　B. 社会人　　C. 自我实现人　　D. 复杂人

4. 根据领导生命周期理论，可以判断高总的领导类型基本属于(　　)。

A. 高关系，低工作　　B. 低关系，高工作

C. 高关系，高工作　　D. 低关系，低工作

5. 当员工没有履行职责时，高总要他的部门主管们警告他们一次，如果他们不听的话，马上请他们走人。这种强化手段属于(　　)。

A. 正强化　　B. 负强化　　C. 惩罚　　D. 自然消退

6. 高总与各部门主管通过开会方式进行信息沟通，属于(　　)。

A. 非正式沟通　　B. 环式沟通　　C. 平行沟通　　D. 口头沟通

7. 根据卡特兹的三大技能，你认为高总目前最需要加强的是(　　)。

A. 人际技能　　B. 技术技能　　C. 概念技能　　D. 领导技能

8. 销售部经理李燕在该公司中属于(　　)管理人员。

A. 基层　　B. 中层　　C. 高层　　D. 专业

9. 你认为对高总的方案和李燕的方案做怎样的评价最合适(　　)。

A. 高总的方案和李燕的方案都不会产生效果

B. 高总的方案和李燕的方案都会奏效

C. 高总的方案更可行，没有严格的规章制度，工人的工作效率不会有保证

D. 李燕的方案更可行，再严格的规章制度，如果工人不接受和服从也是无效的

拓展实训二

某高校专聘岗位制风波

湖北某高校系全国著名的重点大学，该校于 20 世纪 90 年代正式通过“211 工程”立项，成为国家“十五”期间重点建设的大学之一。学校共有正副教授三百多名，教员七八百名，长期以来，学校走教学与科研相结合的路子，教员既是教学骨干，又是科研人员。大家虽然累一点，但都安居乐业。

1998 年 10 月的某天，王校长突然一连收到了几封来自学生的匿名信。信中抱怨授课教师水平差，又不负责任，讲课时眼睛红肿，无精打采，一个学期下来，几乎听不到一些有名的教师授课。看完信，王校长马上打通了主管教学的刘副校长的电话，询问有关教学工作情况，并将有关学生匿名信的事告诉了他。刘副校长分明感到了校长对他的工作很不满意。他来不及仔细思索，通过电话责成教务处长两天内将教师不愿上课的原因及学生的反映调查清楚，并向他汇报。

调查的结果是这样的，从 1995 年开始，由于学校工资水平较低，正副教授中有的下海，有的一心扑在科研上，对教学和青年教师的培养过问较少，而部分青年教师对教学缺乏热情，有的到外面兼职，有的讲课是应付差事。学生对此反应强烈。

于是刘副校长和王校长一起探讨可能解决问题的办法，决定搞教师专聘制。学校认为，为了体现“多劳多得，优劳优得”的分配原则，设置上岗教师岗位，岗位设置数约为全校教师总数的三分之一。

这一决定受到学校各单位的一致好评，但就岗位设置数量问题各二级单位反应不一，有的认为可行，有的认为三分之一的数量太少，特别是那些较年轻的院系，如管理学院和外语系。但学校只是在细节问题上做了修改，三分之一的专聘制仍决定执行。顿时整个校园沸腾了，大家对此倾注了极大的关注，各院系在具体实施过程中遇到了前所未有的阻力。

思考题：

1. 案例中的专聘岗位制能否起到调动教师教学和科研积极性的作用？在激励员工方面有哪些优缺点？

2. 用有关的激励理论谈谈三分之一的专聘岗位设置数合理吗？

3. 如果由你来起草专聘岗位方案，你将从哪些方面入手？

第六章 控 制

学习目标

掌握控制的定义、目的、作用和类型；掌握控制的过程与控制的原理；掌握控制的方法；能够正确地对待企业运用控制方法。

引导案例

扁鹊的医术

魏文王问名医扁鹊说："你们家兄弟三人，都精于医术，到底哪一位最好呢?"扁鹊答："大哥最好，二哥次之，我最差。"文王再问："那么为什么你最出名呢?"扁鹊答说："我大哥治病，是治病于病情发作之前。由于一般人不知道他率先能铲除病因，所以他的名气无法传出去，只有我们家的人才知道。我二哥治病，是治病于病情初起之时。一般人以为他只能治轻微的小病，所以他的名气只及于本乡里。而我扁鹊治病，是治病于病情严重之时。一般人都看到我在经脉上穿针管来放血、在皮肤上敷药等大手术，所以以为我的医术高明，名气因此响遍全国。"

比较起来，能防患于未然是最高明的，但往往因防范在前，不会出现恶果，使事物保持了原态，没有"明显"的功绩而被忽略。从这个故事中我们可知：事后控制不如事中控制，事中控制不如事前控制，可惜大多数的事业经营者均未能体会到这一点，等到错误的决策造成了重大的损失才需求弥补，而往往是即使请来了名气很大的"空降兵"，结果也于事无补。

问题：1. 事前控制为什么重要?

2. 为什么我们很多人不重视事前控制?

第一节 控制概述

一、控制的含义

控制是管理工作过程中一项不可缺少的职能。所谓控制，从其最传统的意义方面说，就是对组织中的所有活动进行衡量和纠偏，以确保组织的目标和为此而制定的计划得以实现。但从广义的角度来理解，控制工作实际上应包括纠正偏差和修改标准这两方面的内容。所谓修改标准，就是在必要的时候对原定的控制标准和目标进行适当的修改。

控制的结果可能有两种：一是纠正实际工作与原有计划及标准的偏差，二是纠正组织已经确定的目标及计划与变化了的内外环境的偏差。这也是控制在组织管理中的主要作用所在。

二、控制的必要性

（一）环境变化的影响

现代社会中，组织所处的内、外部环境是一个复杂、多变而不稳定的环境。组织的管理者即便是在制定计划时，进行了全面的、细致的预测，考虑了各种实现目标的有利条件和影响因素，但由于环境条件是变化的，计划制订者受其本身的素质、知识、经验和技巧的限制，预测不可能完全准确，制定的计划在执行中可能会出现偏差，还会发生未曾预料到的情况。

（二）组织成员素质对计划执行的影响

组织已经制定了的计划，是由组织的相应员工来执行的。而每个员工的工作动机、态度等个性特征不同，对计划的理解、态度等也不尽相同，而且每个员工的工作能力也不一样，能否胜任其所承担的职责，这些都会影响到计划的执行，有可能产生有利的影响，但也有可能会起不利的影响，从而产生偏差。

（三）组织规模扩大引起分权管理的影响

必须建立起相应的控制系统，以保证各方面的协调、统一，不出差错或者少出差错，一旦出错，能够及时地予以更正。否则，就可能无法正常地运转。

三、管理控制的特点

（一）管理控制具有整体性

管理控制需要把整个组织的活动作为一个整体来看待，使各方面的控制协调一致，达到整体优化。管理控制的整体性包括多重含义：一是管理控制是组织全体成员的职责，完成计划是组织全体成员的共同责任，参与管理控制是全体成员的共同任务；二是控制的对象是组织的各个方面，包括各层次、各部门、各单位工作以及组织生产经营的各个不同阶段等。组织各个方面的协调平衡需要对组织各个方面进行有效的控制。

（二）管理控制具有动态性

管理控制是动态变化的，它不同于机器设备系统中的自动控制，这种控制是高度程序化的，具有固定的特征。管理控制是在有机的社会组织中进行的，外部环境和内部条件都在不断地发生着变化，从而决定了管理控制的动态性，以提高管理控制的适应性和有效性。

（三）管理控制具有目的性与反馈性

管理控制的意义在于使组织活动朝着计划目标前行，因此管理控制具有明确的目的性。管理控制无论是着眼于纠正执行中的偏差还是适应环境的变化，都紧紧地围绕组织的目标进行，受到一定目标的指引，服务于达成组织特定目标的需要。而管理控制的这种目的性要得以实现，离不开信息反馈。没有信息反馈，就没有赖以判断对错的对象和依据。管理控制系统中的信息是通过管理信息系统来实现的。

（四）管理控制具有人本性

管理控制不可忽略其中人性方面的因素。人是组织各项活动的执行者，组织中的各项活动都要靠人来完成。因此，管理控制的主体是人，管理控制的对象也是人，这既要求我们充分认识到人才是管理控制的关键，要使人遵守控制的准则，又要努力使控制符合人的特征。控制不仅仅是监督，更为重要的是指导和帮助，使人在被动接受控制的同时，还能充分理解控制的必要性与方法，从而端正自身态度，提高工作与自控能力。

（五）管理控制具有创新性

控制不等于管、卡、压。控制不仅要保证计划的完成，并且要保证管理创新。实施过程要通过控制活动调动受控者的积极性，这是现代控制的特点。如在预算控制中实行弹性预算就是这种控制思想的体现，特别是在具有良好反馈机制的控制系统中，实施控制者通过接收受控者的反馈，不仅可以及时了解计划执行情况，纠正计划执行中出现的偏差，还可以从反馈中受到启发，激发创新。

四、控制与计划、组织、领导职能之间的关系

（一）控制与计划的关系

① 计划起着指导性作用。管理者在计划的指导下，领导各方面工作，以便达到组织目标。控制则是为了保证组织的产出与计划一致而产生的一种管理职能。②计划预先指出了所期望的行为和结果，而控制则是把握按计划指导实施的行为和结果。③ 管理者只有获取关于每个部门、每条生产线以及整个组织过去和现状的信息，才能制定出有效的计划，而这些信息中的绝大多数都是通过控制过程得到的。④如果没有计划来表明控制的目标，管理者就不可能进行有效的控制。实行决策和控制都是为了实现组织的目标，两者是互相依存的。

（二）控制与组织的关系

如果把组织看作是一个由若干子系统组成的开放系统，那么控制就是其中的一个非常重要的子系统。组织的最高层首先根据组织所面临的外部环境和组织的内部条件制定组织目标，计划子系统根据目标和环境状况而制定管理计划。这些计划一方面下达给运行系统，付诸实施；另一方面要送到控制系统储存起来，作为与实际绩效进行比较的依据。运行系统的有关投入、运行过程以及产品的信息要反馈给控制系统，控制系统在收集了这些资料，结合外部环境的资料后进行分析，并同所储存的计划进行比较，最后决策是否更正运行活动或是提出修改计划。在控制的过程中，可能会根据内外环境或其他因素的变化，导致对目标与计划的修改，改变组织机构、更换人员以及领导方式方法做出重大改变等，这实际上是开始了新一轮的管理过程。

（三）控制与领导的关系

领导是在计划和组织的基础上对使用各种资源的人员进行指挥，而控制只是在此基础上对具体组织活动实施一定的检查和调整。管理者通过他人完成任务并负有最终的责任，为此，必须建立控制系统，以便使自己可以自始至终地掌握他人完成任务的情况和进度，了解实际工作的进展是否符合原定目标，是否需要作出相应的调整和改变。离开控制，领导就可能流于形式，收不到实效。

在管理工作中，控制与管理的其他职能如计划、组织和领导等是密不可分的，是各个层次管理部门的主要职能，特别是每一位负责计划执行的主管的主要职责。有些组织的主管人员常常忽略了这一点，认为实施控制主要是上层和中层管理人员的职能，基层部门的控制就不大需要了。其实各层主管人员只是所负责的控制范围各不相同，但各个层次的主

管都负有执行决策计划、实施控制的职责。

五、控制的目标

（一）限制偏差的累积

防微杜渐，及早地发现潜在的错误和问题并进行处理，有助于确保组织按预定的计划运行下去。所以，有效的管理控制系统应当能够及时地获取偏差信息，及时地采取矫正措施，以防止偏差的累积而影响组织目标的顺利实现。

（二）适应环境的变化

任何组织都需要构建有效的控制系统，帮助管理人员预测和把握内外环境的变化，并对这些变化所带来的机遇或威胁作出正确、及时的反应。

六、控制的内容

（一）对人员的控制

组织目标的实现是通过人来完成的，管理者需要通过组织其他成员的工作来实现目标。因此管理者要使员工按照期望的方式去工作是非常重要的。为了做到这一点，就必须对组织中的员工进行控制。

（二）对财务的控制

为保证企业获取利润，维持企业的正常动作，必须要进行财务控制。财务控制主要包括审校各期的财务报表，以保证合理的现金流通，保证债务负担恰当，保证各项资产都得到有效的利用，保证各项费用开支的合理等。

（三）对作业的控制

组织中的作业质量从根本上决定了组织向社会所提供的产品和服务的质量，而作业控制就是通过对作业过程的控制来评价并提高作业的效率和效果，从而提高组织提供的产品和服务的质量。

（四）对信息的控制

在现代组织中对信息的控制显得尤为重要。对信息的控制就是要建立一个管理信息系统，使它能及时地为管理者提供充分、可靠的信息。

（五）对组织绩效的控制

一个组织的整体发展效果很难用一个指标来衡量，生产率、产量、市场占有率、员工福利、组织的成长性等都可能成为衡量指标，关键是看组织的目标取向，即要根据组织完成目标的实际情况并按照目标所设置的标准来衡量组织绩效。

七、控制的类型

（一）按控制点的位置划分为反馈控制、现场控制、前馈控制

控制工作的实质是“信息反馈”，在目前大多数的管理活动中，得到的信息都是“时滞信息”。因此，经常在信息反馈和采取纠正措施之间出现时间延迟，以致纠正措施往往作用在执行计划过程中的不同环节上，相应地出现了不同的控制模式，如图 6－1 所示。

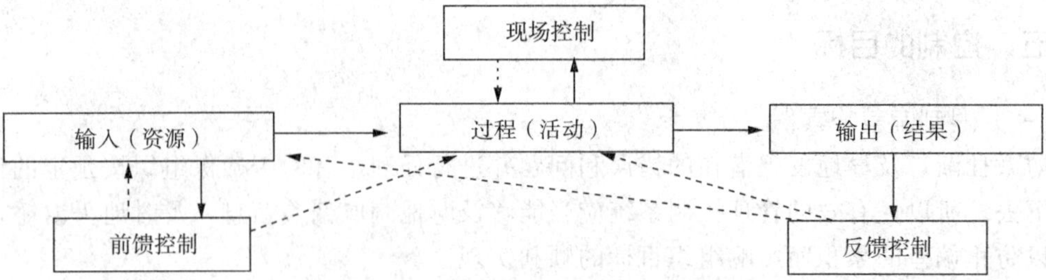

图 6-1 反馈控制、前馈控制、现场控制比较示意图

1. 反馈控制

反馈控制也称为事后控制，是根据过去的情况来调整未来的行动，即将计划执行过程或执行结果的信息与计划和标准进行比较，以发现偏差，并进一步分析产生偏差的原因，采取措施纠正偏差。

2. 现场控制

现场控制，又称过程控制或事中控制，是计划执行过程中所实施的控制，即在计划执行过程中，对活动中的人和事进行观察、监督、指导和纠正偏差的过程。

3. 前馈控制

前馈控制也称事前控制或预先控制，是指在计划实施前，为防止将来计划执行过程中产生偏差，预先规定计划执行过程中应遵守的规则和规范等，建立偏差显示系统，使人们在工作之前就已经知道如何做。

（二）从问题的重要性和影响程度来划分，可分为战略控制、管理控制和任务控制

1. 战略控制

战略控制是对战略计划实现程度的控制。战略控制中不仅要进行反馈控制，更常需要进行前馈控制。也就是说，在战略控制过程中常常可能引起战略计划的重大修改或重新制定。因为这个缘故，人们倾向于将战略的计划与控制系统笼统地称作战略计划系统，而将任务的计划与控制系统称作是任务控制系统。

2. 管理控制

管理控制是一种财务控制，即利用财务数据来检测企业的经营活动状况，以此考评各责任中心的工作实际业绩，控制其经营行为。

3. 任务控制

任务控制亦称运营控制、业务控制，主要是针对基层生产作业和基他业务活动而直接进行的控制。

（三）按控制的来源，可以分为内在控制、外在控制

1. 外在控制

外在控制是指一个单位或个人的工作目标和标准由其他的单位或个人来制定和监督，自己只负责检测、发现问题和报告偏差。

2. 内在控制

内在控制是指一个单位或个人的工作目标和标准由本单位来制定和监督。

（四）按采用的手段，可以分为间接控制、直接控制

1. 间接控制

间接控制是基于这样一些事实为依据的，即人们常常会犯错误，或常常没有觉察到那些将要出现的问题，因而未能及时采取适当的纠正或预防措施。他们往往是根据计划和标准，对比和考核实际的结果，追查造成偏差的原因和责任，然后才去纠正。实际上，在工作中出现问题，产生偏差的原因有很多。所定标准不正确固然会造成偏差，但如果标准是正确的，则不肯定因素、主管人员缺乏知识、经验和判断力缺乏也会使计划遭到失败。经验和判断力所造成的管理上的失误和工作上的偏差，运用间接控制则可帮助其纠正；同时，间接控制还可以帮助主管人员总结汲取经验教训，增加他们的经验、知识和判断力，提高他们的管理水平。

2. 直接控制

直接控制所依据的是这样的事实，即计划的实施结果取决于执行计划的人。销售额、利润率、产品质量等这些计划目标的完成情况，主要取决于直接对这些计划目标负责的管理部门的主管人员。因此，通过筛选，进一步地培训、完善管理工作成效的考核方法等，以改变有关主管人员的未来行为，是对管理工作质量进行控制的关键所在。

第二节　有效控制的原则和要求

一、有效控制的原则

（一）反映计划要求原则

该原则指计划越明确、完善和综合化，则控制越能用来体现这类计划，控制也越能有效地为管理的需要服务。每一项计划、每一项工作都各有其特点。控制的任务是保证计划能按预期的目的执行，设计还要反映计划的要求。

（二）关键点控制原则

该原则指管理人员选择计划的关键点来作为控制的标准可以使控制更为有效。管理人员如何选择关键点也体现了个人的管理艺术和水平。

（三）控制趋势原则

该原则指控制工作应当着眼未来，而不是只有当出现了偏差才进行控制。由于在整个控制系统中存在着时滞，所以一个控制系统越是以前馈而不是以简单的信息反馈为基础，则管理人员越是能够有效地预防偏差或及时采取措施纠正偏差。

（四）例外原则

主管人员越是只注意一些重要的例外偏差，也就是说越是把控制主要注意力集中在那些超出一般情况的特别好或特别坏的情况，控制工作的效能和效率就越高。

（五）直接控制原则

直接控制原则是指管理人员及其下属的素质越高，就越不需要进行直接控制。直接控制是相对于间接控制而言的，它是通过提高管理人员的素质来进行控制工作的。直接控制的指导思想认为，合格的管理人员出的差错最少。他能觉察到正在形成的问题，并能及时地采取纠正措施。

二、有效控制的要求

（一）客观控制

控制工作应该针对企业的实际状况，采取必要的纠偏措施，或促进企业活动沿着原先的轨道继续前进。客观的控制源于对企业经营活动状况及其变化的客观了解和评价。

（二）适时控制

纠正偏差的最理想方法是在偏差未产生以前预测偏差的产生。虽然在实践中有许多困难，但在理论上是可行的，即可以通过建立企业经营状况的预警系统来实现。

（三）适度控制

适度控制是指控制的范围、程度和频度要恰到好处。适度控制要注意以下几个方面的问题：① 防止控制过多或控制不足；② 处理好全面控制与重点控制的关系；③ 使花费一定费用的控制得到足够的控制收益。

（四）弹性控制

有效的控制系统应在遇到突发的、无力抗拒的变化情况下仍能发挥作用，维持企业的运营。弹性控制通常与控制的标准有关。一般地说，弹性控制要求企业制定弹性的计划和弹性的衡量标准。

第三节　控制的过程

控制是根据计划的要求，设立衡量绩效的标准，然后把实际工作结果与预定标准相比较，以确定组织活动中出现的偏差及其严重程度；在此基础上，有针对性地采取必要的纠正措施，以确保组织资源的有效利用和组织目标的圆满实现。控制的过程包括三个基本环节的工作：①确立标准；②衡量绩效；③纠正偏差。

一、确立标准

（一）标准的含义

所谓标准，是一种作为模式或规范而建立起来的测量单位或具体尺度，是从整个计划方案中选出的对工作成效进行评价的关键指标。标准的设立应当具有权威性。最理想的标准是可考核的目标直接作为标准，但更多的情况则是需要将某个计划目标分解为一系列的标准，如将利润率目标分解为产量、销售额、制造成本、销售费用等。

（二）制定控制标准

1. 确立控制的对象

没有对象的控制是盲目的控制，是不可能有成效的，这是在决定控制标准之前首先要妥善解决的问题。控制对象，就是体现目标特性，影响目标实现的要素。只有明确了对象，才能有的放矢地制定标准。

2. 选择关键控制点

重点对象确定下来后，还必须具体选定控制的关键点，才能制定控制标准。从计划中选择关键控制点的能力是一门管理艺术，良好的控制来源于关键点的准确选择，因而这种选择或决策的能力也就成为判断管理控制工作水平的一个重要标志。

（三）控制标准的分类

1. 实物标准

实物标准属于非货币标准，普遍适用于使用原材料、雇佣劳动力、提供服务和生产产品等基层单位。实物标准可以反映数量，也可以反映质量，如单位台时间量、货运吨公里数、轴承的硬度、纺织品的耐久性等。

2. 费用标准

费用标准属于货币标准，它同实物标准一样适用于基层单位。这些标准把货币价值加到各种经营费用之中。例如单位产品的直接费用和间接费用、单位产品或工时的人工费用等。

3. 收入标准

收入标准是把货币与销售额相联系而产生的，即以货币衡量的销售额。

4. 资金标准

资金标准是费用标准的变种，是用货币来计量实物。这些标准与投资公司的资本有关而与经营成本无关，所以它们主要是同资产负债表有关，而同损益表无关，对于一笔新的投资或总体控制而言，使用最为广泛的标准是投资回报率。

5. 计划标准

计划标准就是以管理者编制的计划质量作为衡量标准。

6. 目标标准

这是一类比较理想的控制标准，即在各级管理机构中建立一个可考核的完整的目标网络，这样可以使无形的标准的作用逐渐减少。可考核目标可分为定量目标和定性目标两种。定量目标多半采取上面所概括的各种标准形式，它是可以准确地考核的，而定性目标虽然也可考核，却不可能和定量目标一样考核得那么准确。

（四）制定控制标准的方法

制定控制标准常用的方法有以下三种：

1. 统计分析法

统计分析法是根据企业的历史数据资料以及同类企业的水平，运用统计学方法来确定企业经营各方面工作的标准。用统计计算法制定的标准，称为统计标准。

统计分析法的优点是简便易行，局限性在于：① 对历史统计数据的完整性和准确性要求高，否则制定的标准没有任何意义；② 统计数据分析方法选择不当会严重影响标准的科学性；③ 统计资料只反映历史的情况而不反映现实条件的变化对标准的影响；④ 利用本企业的历史性统计资料为某项工作确定标准，可能低于同行业的先进水平，甚至是平均水平。

2. 经验估计法

经验估计法是根据管理人员和工作人员的实际工作经验，并参考有关技术文件或实物，评估计划期内条件的变化等因素而制定标准的方法。经验估计法适用于缺乏技术资料、统计资料的情况。其优点是简单易行、工作量小，但受主观因素影响大，准确性差。

3. 工程标准法

工程标准法是指在对工作情况进行客观分析的基础上，并以准确的技术参数和实测的数据为依据，通过科学计算确定标准的方法。其以精确的技术参数和实测数据为基础，又称为时间研究和动作研究。通过二者研究制定生产定额，为基层管理人员更恰当地安排工作、更合理地评估员工绩效以及预先估计所需的人工和费用建立了客观的标准。

二、衡量绩效

企业经营活动中的偏差如能在产生之前就被发现，则可以指导管理者预先采取必要的措施加以避免。这种理想的控制和纠偏方式虽然有效，但其现实可能性不是很高。并非所有的管理人员都有卓越的远见，同时也并非所有的偏差都能在产生之前被预见，事实可能正好相反。在这种限制条件下，最满意的控制方式应是必要的纠偏行动能在偏差产生以后迅速采取行动。为此，要求管理者及时掌握能反映偏差是否产生并能判定其严重程度的信息。用预定标准对实际工作成效和进度进行检查、衡量和比较，就是为了提供这类信息。

管理者在衡量工作成绩的过程中应注意以下几个方面的问题：

（一）通过衡量绩效，检验标准的客观性与有效性

衡量工作成效是以预定的标准为依据的，但利用预先制定的标准检查各部门在各阶段的工作，这本身也是对标准的客观性和有效性进行检验的过程。

检验标准的客观性与有效性，是要分析通过对标准执行情况的测量能够取得符合控制需要的信息。在为控制对象确定标准的时候，人们可能只考虑了一些次要的因素，或只重视了一些表面的因素，因此，利用既定的标准去检查人们的工作，有时并不能达到有效控制的目的。例如，衡量职工出勤率是否达到了正常水平，不足以评价劳动者的工作热情、劳动效率或劳动贡献；分析产品数量是否达到计划目标，不足以判定企业的盈利程度；计算销售人员给顾客打电话的次数和花费在推销上的时间，不足以判定销售人员的工作绩效。在衡量过程中对标准本身进行检验，就是指出能够反映被控制对象的本质特征，从而选择最适宜的标准。

（二）确定适宜的衡量频度

正如我们在有效控制的要求中分析的，控制过多或不足都会影响控制的有效性。这种过多或不足，不仅体现在控制对象、衡量标准的数目选择上，而且表现在对同一标准的衡量次数或频度上。对影响各种结果的要素或活动过于频繁的衡量，不仅会增加控制的费用，而且可能引起有关人员的不满，从而影响他们的工作态度。而检查和衡量的次数过少，则可能使许多重大的偏差不能及时被发现，从而不能及时采取措施。

以什么样的频度在什么时候对某种活动的绩效进行衡量，这取决于被控制活动的性质。例如，对产品质量的控制常常需要以小时或以日为单位进行，而对新产品开发的控制可能只需以月为单位进行就可以了。需要控制的对象可能发生重要变化的时间间隔是确定适宜的衡量频度所需考虑的主要因素。

（三）建立信息反馈系统

负有控制责任的管理人员只有及时掌握了反映实际工作与预期工作绩效之间偏差的信息，才能迅速采取有效的纠正措施。然而，并不是所有的衡量绩效的工作都是由主管直接进行的，有时需要借助专职的检测人员。因此，应该建立有效的信息反馈网络，使反映实际工作情况的信息适时地传递给适当的管理人员，使之能与预定标准相比较，及时发现问题。这个网络还应及时将偏差信息传递给被控制活动有关的部门和个人，以使他们及时知

道自己的工作状况以及需要怎样做才能更有效地完成工作。建立这样的信息反馈系统，不仅更有利于保证预定计划的实施，而且能防止基层工作人员把衡量和控制视作检查工作、进行惩罚的手段，从而避免产生抵触情绪。

三、纠正偏差

利用科学的方法，根据客观的标准，对工作绩效进行衡量，可以发现计划执行中出现的偏差。纠正偏差就是在此基础上，分析偏差产生的原因，制定并实施必要的纠正措施。这项工作使得控制过程得以完整，并将控制与管理的其他职能相互联结：通过纠偏，使组织计划得以遵循，使组织结构和人事安排得到调整。

为保证纠偏措施的针对性和有效性，必须在制定和实施纠偏措施的过程中注意下述问题。

（一）找出偏差产生的主要原因

采取任何纠正措施以前，必须首先对反映偏差的信息进行评估和分析。首先，要判断偏差的严重程度，是否足以构成对组织活动效率的威胁，从而值得去分析原因，采取纠正措施；其次，要探寻导致偏差产生的主要原因。

纠正措施的制定是以偏差原因的分析为依据的，而同一偏差则可能由不同的原因造成：销售利润的下降既可能是因为销售量的降低，也可能是因为生产成本的提高，前者既可能是因为市场上出现了技术更加先进的新产品，也可能是由于竞争对手采取了某种竞争策略，或是企业产品质量下降，后者既可能是原材料、劳动力消耗和占用数量的增加，也可能是由于购买价格的提高。不同的原因要求采取不同的纠正措施。要通过评估反映偏差的信息对影响因素的分析，透过表面现象找出造成偏差的深层原因，在众多的深层原因中找出最主要者，为纠偏措施的制定指导方向。

（二）确定纠偏措施的实施对象

需要纠正的不仅可能是企业的实际活动，也可能是组织这些活动的计划或衡量这些活动的标准。大部分员工没有完成劳动定额，可能不是由于全体员工的抵制，而是定额水平太高；承包后企业经理的兑现收入可高达数万甚至数十万，可能不是出于经营性努力数倍或数十倍的工人，而是由于承包基数不恰当或确定经营者收入的挂钩方法不合理；企业产品销售量下降，可能并不是由于质量劣化或价格不合理，而是由于市场需求的饱和或周期性的经济萧条。在这些情况下，首先要改变的是衡量这些工作的标准或指导工作的计划。

预定计划或标准的调整是由两种原因决定的：一是原先的计划或标准制定得不科学，在执行中发现了问题；二是原来正确的标准和计划，由于客观环境发生了预料不到的变化，不再适应新形势的需要。负有控制责任的管理者应该认识到，外界环境变化以后，如果不对预先制定的计划和行动准则及时进行调整，那么，即使内部活动组织得非常完善，企业也不可能实现预定的目标。

（三）选择恰当的纠偏措施

针对产生偏差的主要原因，就可能制定改进工作或调整计划与标准的纠正方案。纠偏措施的选择和实施过程中要注意以下几方面：

1. 使纠偏方案双重优化

纠正偏差，不仅在实施对象上可以进行选择，而且对同一对象的纠偏也可采取多种不同的措施。所有这些措施，其实施条件和效果的经济性都要优于不采取任何行动、使偏差任其发展可能给组织造成的损失，有时最好的方案也许是不采取任何行动，如果行动的费用超过偏差带来的损失的话，这是纠偏方案选择过程中的第一重优化。第二重优化是在此基础上，通过对各种经济可行方案的比较，找出其中追加投入最少、解决偏差效果最好的方案给组织实施。

2. 充分考虑原先计划实施的影响

对客观环境的认知能力提高，或者由于客观环境本身发生了重要变化而引起的纠偏需要，可能会导致对原先计划与决策的局部甚至全局的否定，从而要求企业活动的方向和内容进行重大的调整，这种调整有时被称为追踪决策，即当原有决策的实施表明将危及决策目标的实现时，对目标或决策方案所进行的一种根本性修正。

追踪决策是相对于初始决策而言的。初始决策是所选定的方案尚未付诸实施，没有投入任何资源，客观对象与环境尚未受到人的决策的影响和干扰，因此，是以零为起点的决策。进行重要战略调整的追踪决策则不然，企业外部的经营环境或内部经营条件已经由于初始决策的执行而有所改变，是“非零起点”。因此，在制定和选择追踪决策的方案时，要充分考虑到伴随着初始决策的实施已经消耗的资源以及这种消耗对客观环境造成的种种影响。

3. 注意消除人们对纠偏措施的疑虑

任何纠偏措施都会在不同程度上引起组织的结构、关系和活动的调整，从而会涉及某些组织成员的利益。不同的组织成员会因此而对纠偏措施持不同态度，特别是纠偏措施属于对原先决策和活动进行重大调整的追踪决策时。虽然一些原先反对初始决策的人会幸灾乐祸，甚至夸大原先决策的失误，反对保留其中任何合理的成分，但更多的人对纠偏措施持怀疑和反对的态度，原先决策的制定者和支持者会害怕改变决策标志着自己的失败，从而公开或暗地里反对纠偏措施的实施；执行原决策、从事具体活动的基层工作人员则会对自己参与的已经形成的或开始形成的活动结果怀有感情，或者担心调整会使自己失去某种工作机会，影响自己的既得利益而极力抵制任何重要的纠偏措施的制定和执行。因此，控制人员要充分考虑到组织成员对纠偏措施的不同态度，特别是要注意消除执行者的疑虑，争取更多人的理解，使其赞同和支持纠偏措施，以保证避免在纠偏方案的实施过程中可能出现的人为障碍。

第四节　控制的方法

控制的工作方法有很多，根据管理对象的不同，本节重点介绍预算控制和非预算控制。

一、预算控制

（一）预算的定义及作用

预算是一种计划，它是用数字编制的反映组织在未来某一个时期的综合计划。预算控制是通过编制预算，然后以编制的预算为基础来执行和控制企业经营的各项活动，并比较预算与实际的差异，分析差异的原因，然后对差异进行处理。预算的编制与控制过程是密切联系的。通过编制预算，可以明确组织及其各部门的目标，协调各部门的工作，评定各个部门的工作业绩，控制企业的日常经营活动。

（二）预算的种类

1. 经营预算

经营预算指企业日常发生的各项具有实质性活动的预算，它主要包括销售预算、生产预算、直接材料采购预算、直接人工预算、制造费用预算、单位生产成本预算、销售及管理费用预算等。

2. 投资预算

投资预算包括组织为添置建筑物、机器、设备等固定资产方面的投资预算和其他方面的投资预算。当组织的收入超出支出时，超出部分就可以用来进行投资。对于投资方面的预算，一定要慎重考虑，单独列出，必须使这部分资金的使用同组织的长期计划和整个资金的分配使用计划紧密结合起来。对于数额大、回收期长的投资项目，还应有专项预算。

3. 财务预算

财务预算是企业在计划期内反映现金收支、经营成果及财务状况的预算，它主要包括现金预算、预计损益表、预计资产负债表、预计现金流量表。必须指出的是，前述的各种经营预算和投资预算中的资料，都可折算成金额反映在财务预算内，这样财务预算就成为各项经营业务和投资的整体计划，故又称总预算。

为了使预算控制良好运行，首先，管理者应牢记：预算仅仅是所设计的工具而不能用于代替管理，它有局限性。其次，预算的制定和管理必须得到高层管理的全力支持。第三，确保所有与预算有关的管理者都能参与预算的准备和制定，而不仅仅是被迫接受已定的预算。最后，要想使预算控制有效，管理者要关注他的部门在预算内的实际业绩和预测业绩方面的信息。

用预算控制企业，要发挥全员的主观能动性，调动各级相关责任人的积极性，要通过预算指标的分解，使企业的目标变成一个个部门的小目标，使每个部门的责任者能够心中有数地进行生产和经营，以达到用预算控制下级、控制各部门，督促各级管理人员努力工作，从而保证企业的大目标得以按预算实现的目的。

（三）预算的编制方法

1. 固定预算编制方法

固定预算，又称静态预算，是根据预算期内正常的、可实现的某一既定业务量水平为基础来编制的预算。一般适用于固定费用或者数额比较稳定的预算项目。

固定预算的缺点表现在：一是过于呆板，因为编制预算的业务量基础是实现假定的某个业务量。在这种方法下，不论预算期内业务量水平实际可能发生哪些变动，都只按事先确定的某一个业务量水平作为编制预算的基础。二是可比性差，当实际的业务量与编制预算所依据的业务量发生较大差异时，有关预算指标的实际数与预算数就会因业务量基础不同而失去可比性。例如，某企业预计业务量为销售 100000 件产品，按此业务量给销售部门的预算费用为 5000 元。如果该销售部门实际销售量达到 120000 件，超出了预算业务量，固定预算下的费用预算仍为 5000 元。

2. 弹性预算编制方法

弹性预算是在按照成本（费用）习性分类的基础上，根据量、本、利之间的依存关系，考虑到计划期间业务量可能发生的变动，编制出一套适应多种业务量的费用预算，以便分别反映在不同业务量的情况下所应支出的成本费用水平。该方法是为了弥补固定预算的缺陷而产生的。编制弹性预算所依据的业务量可能是生产量、销售量、机器工时、材料消耗量和直接人工工时等。

弹性预算的优点表现在：一是预算范围宽；二是可比性强。弹性预算一般适用于与预算执行单位业务量有关的成本（费用）、利润等预算项目。

弹性预算的编制，可以采用公式法，也可以采用列表法。

公式法的优点是在一定范围内预算可以随业务量变动而变动，可比性和适应性强，编制预算的工作量相对较小；缺点是按公式进行成本分解比较麻烦，对每个费用子项目甚至细目逐一进行成本分解，工作量很大。列表法的主要优点是可以直接从表中查得各种业务量下的成本费用预算，不用再另行计算，因此直接、简便；缺点是编制工作量较大，而且由于预算数不能随业务量变动而任意变动，弹性仍然不足。

3. 增量预算编制方法

增量预算是指以基期成本费用水平为基础，结合预算期业务量水平及有关降低成本的措施，通过调整有关费用项目而编制预算的方法。增量预算以过去的费用发生水平为基础，主张不需在预算内容上做较大调整，它的编制遵循如下假定：

第一，企业现有业务活动是合理的，不需要进行调整。

第二，企业现有各项业务的开支水平是合理的，在预算期予以保持。

第三，以现有业务活动和各项活动的开支水平，确定预算期各项活动预算数。

增量预算编制方法的缺陷是可能导致无效费用开支项目无法得到有效控制，因为不加以分析地保留或接受原有的成本费用项目，可能使原来不合理的费用继续开支而得不到控制，形成不必要开支，造成预算上的浪费。

4. 零基预算编制方法

零基预算的全称为“以零为基础的编制计划和预算方法”，它是在编制费用预算时，不考虑以往会计期间所发生的费用项目或费用数额，而是一切以零为出发点，从实际需要逐项审议预算期内各项费用的内容及开支标准是否合理，在综合平衡的基础上编制费用预算的方法。

零基预算的程序如下：

第一，企业内部各级部门的员工，根据企业的生产经营目标，详细讨论计划期内应该发生的费用项目，并对每一费用项目编写一套方案，提出费用开支的目的以及需要开支的费用数额。

第二，划分不可避免费用项目和可避免费用项目。在编制预算时，对不可避免费用项目必须保证资金供应；对可避免费用项目，则需要逐项进行成本与效益分析，尽量控制不可避免项目纳入预算当中。

第三，划分不可延缓费用项目和可延缓费用项目。在编制预算时，应根据预算期内可供支配的资金数额在各费用之间进行分配。应优先安排不可延缓费用项目的支出。然后，再根据需要，按照费用项目的轻重缓急确定可延缓项目的开支。

零基预算的优点表现在：①不受现有费用项目的限制；②不受现行预算的束缚；③能够调动各方面节约费用的积极性；④有利于促使各基层单位精打细算，合理使用资金。

5. 定期编制预算的方法

定期预算是指在编制预算时，以不变的会计期间（如日历年度）作为预算期的一种编制预算的方法。这种方法的优点是能够使预算期间与会计期间相对应，便于将实际数与预算数进行对比，也有利于对预算执行情况进行分析和评价。但这种方法固定以1年为预算期，在执行一段时期之后，往往使管理人员只考虑剩下来的几个月的业务量，缺乏长远打算，导致一些短期行为的出现。

6. 滚动预算编制方法

滚动预算又称连续预算，是指在编制预算时，将预算期与会计期间脱离开，随着预算的执行，不断地补充预算，逐期向后滚动，使预算期始终保持为一个固定长度（一般为12个月）的一种预算方法，形式类似于滚动计划。

滚动预算的基本做法是使预算期始终保持12个月，每过1个月或1个季度，立即在期末增列1个月或1个季度的预算，逐期往后滚动，因而在任何一个时期都使预算保持为12个月的时间长度，故又叫连续预算或永续预算。这种预算能使企业各级管理人员对未来始终保持整整12个月时间的考虑和规划，从而保证企业的经营管理工作能够稳定而有序地进行。

二、非预算控制

（一）比率分析

企业经营活动分析中常用的比率可以分为两大类，即财务比率和经营比率。前者主要用于说明企业的财务状况，后者主要用于说明企业经营活动状况。

1. 财务比率

财务比率及其分析可以帮助我们了解企业的偿债能力和盈利能力等财务状况。

流动比率是企业的流动资产与流动负债之比，它反映了企业偿还需要付现的流动债务的能力。一般来说，企业资产的流动性越大，偿债能力就越强；反之，偿债能力则弱，这样会影响企业的信誉和短期偿债能力。因此，企业资产应具有足够的流动性。

负债比率是企业总负债与总资产之比，它反映了企业所有者提供的资金与外部债权人提供的资金的比率关系。只要企业全部资金的利润高于借入资金的利息，且外部资金不在根本上威胁企业所有权的行使，企业就可以充分地向债权人借入资金以获取额外的利润。

盈利比率是企业利润与销售额或全部资金等相关因素的比例关系，它们反映了企业在一定时期从事某种经营活动的盈利程度及其变化情况。管理控制中常用的比率有销售利润率和资金利润率。

2. 经营比率

经营比率也称活力比率，是与资金利用有关的几种比例关系。它们反映了企业经营效率的高低和各种资源是否得到了充分利用。常用的经营比率有：

库存周转率，它是销售总额与库存平均价值的比例关系，反映与销售收入相比库存数量是否合理，表明投入库存的流动资金的使用情况。

固定资产周转率，它是指销售总额与固定资产之比，反映单位固定资产能够提供的销售收入，表明企业固定资产的利用程度。

销售收入与销售费用的比率，它表明单位销售费用能够实现的销售收入，在一定程度上反映了企业营销活动的效率。

在企业经营管理实践中，除了上述两类比例分析外，还常常用市场占有率和相对市场占有率指标等比例分析法来衡量企业的竞争实力。

（二）审计控制

审计是对反映企业资金运动过程及其结果的会计记录及财务报表进行审核、鉴定，以判断其真实性和可靠性，从而为控制和决策提供依据。根据审查主体和内容的不同，审计一般分为三种：外部审计、内部审计和管理审计。

1. 外部审计

外部审计是由外部机构（如会计师事务所）选派的审计人员对企业财务报表及其反映的财务状况进行独立的评估。

2. 内部审计

内部审计是由企业内部的机构或由财务部门的专职人员来独立进行的。内部审计兼有许多外部审计的目的。

3. 管理审计

外部审计主要核对企业财务记录的可靠性和真实性；内部审计在此基础上对企业政策、工作程序与计划的遵循程度进行测定，并提出必要的改进企业控制系统的对策建议。

管理审计的对象和范围则更广。它是一种对企业所有管理工作及其绩效进行全面系统的评价和鉴定的方法。它是利用公开记录的信息，从反映企业管理绩效及其影响因素的若干方面将企业与同行业其他企业或其他行业的著名企业进行比较，以判断企业经营与管理的健康程度。

（三）库存控制

必要的库存是商品生产和流通得以连续进行的条件，正常的库存反映了商品生产与流通的客观需要，而超过了这一需求，其超出部分就会形成积压，就会增加企业的成本。因此，企业必须对其存货进行有效的控制。

1. 库存的经济批量

企业库存按其作用一般分为经常库存和保险库存。保险库存是指为了防备物资在因客观原因（如运输延误、交货期拖延等）未能按期进货的情况下，生产不至于中断而建立的物资库存。它一般是企业库存的不变部分，一旦被动用应及时补充。库存决策的主要内容之一就是确定经济合理的物资库存数量，包括经常库存数量和保险库存数量。

经常库存数量也就是每次采购的批量，一般采用经济订购批量法来确定。经济采购批量是在一定时期内某种产品的总费用（采购总费用与储存费用之和）为最少时的产品采购批量。每次采购批量的大小，会引起两种费用发生相反的变化。一是订购费用，即用在该项物资采购上的费用，包括运杂费、差旅费、采购手续费、验收费用等。一般地讲，每次的订购费是一个常数，它与每次采购的数量无关。在年需要量一定的情况下，采购批量越大，采购次数就越少，全年采购费用就越小，反之亦然。因此，年采购费用与采购批量成反比。二是保管费用，即物资在存储过程中所发生的费用，包括库房及仓储设备的折旧费、修理费，保管人员的工资，储备物资的保险费、损失费及占用资金的利息等。每次采购的数量越多，保管费就越多。因此，保管费与采购批量成正比。由于节省这两类费用的要求是相对立的，所以，在确定订购批量时，必须把两类费用结合起来考虑，求出一个经济订购批量，即使年订购费与年保管费之和最小的订购批量。

确定经济采购批量需要一定的前提条件：一是产品的需求量要相对均衡、稳定，计划期（通常为一年）内采购总数量一定；二是货源充足、稳定，每次采购不受限制；三是产品单价和运费率相对固定不变，不受采购批量大小的影响；四是仓储条件、资金条件不受限制。

在一定时期内某种产品的采购总数量已定的前提条件下，采购总费用与采购批次成正比关系，而与采购批量成反比关系；储存总费用与采购批量成正比关系，而与采购批次成反比关系。

2. 库存控制的订货方式

库存控制不仅要确定物资库存的最佳数量，还要控制物资库存的动态变化。通过选择订货方式可以对物资库存实行不同的动态控制。

物资的订货方式主要有两种：定期订货和定量订货。在这里，主要介绍定量订货方式。定量订货就是订购时间不定，而每次订购的数量则固定不变，如等于经济订购批量。具体办法是预先规定一个库存量即订货点，当实有库存量降到订货点时，就按固定的订购数量提出订货或采购。这种方法又称订货点法。

（四）质量控制

产品质量是指能够满足人们需要的自然属性或特点，即产品的使用价值。质量控制的目的是以经济的方法生产出用户满意的产品。为此，质量控制要从产品质量的变化同所发生费用的变化方面进行经济分析，找出最佳的质量水平并将其作为产品质量目标加以控制。

一般地讲，随着产品质量的提高，生产产品的费用也会相应地增加。当质量水平达到一定水平后，哪怕是质量的微小提高，也要付出极大的努力，而导致成本的大幅度增加：另一方面，随着产品质量的提高，产品售价也会相应地提高，但当价格达到一定水平后，质量的提高，对价格的影响会越来越小。

不同的质量等级产品有着不同的价格、成本和利润与之对应。使利润最大的质量等级 Q_0，就是最佳质量等级。以上分析是从生产领域的角度考虑的，其成本仅指设计制造成本。如果从产品的设计制造一直到使用消费等全过程即产品寿命周期的角度考虑，其成本就应是从产品开发、制造、销售直到使用期间的全部成本，即包括由研制和生产阶段的费用所形成的产品制造成本和产品在使用过程中的能源消耗、维修、操作、管理费用等所构成的产品使用成本两部分。

由于制造成本和使用成本的消长关系，使寿命周期成本有个最低点。寻找寿命周期成本最低时的质量水平 Q_0，是质量控制的重要工作。

复习思考题

1. 何谓控制？为什么要进行管理控制？
2. 控制有哪些类型？不同类型的控制有何特点？

3. 控制的过程包括哪些阶段的工作?

4. 如何进行有效的控制?

5. 何谓预算控制?预算控制的方法有哪些?

6. 何谓经济订购批量?如何确定经济订购批量?

拓展实训一

天安公司的管理创新

天安公司是一家以生产微波炉为主的家电企业。2005 年该厂总资产 5 亿元,而 5 年前,该公司只不过还是一个人员不足 200 人、资产仅 300 万元且濒临倒闭的小厂。5 年间企业之所以有了如此大的发展,主要得益于公司内部的管理创新。

第一,生产管理创新。公司对产品的设计设立高起点,严格要求;依靠公司设置的关键质量控制点对产品的生产过程全程监控,同时,利用 PDCA 和 PAMS 方法,持续不断地提高产品的质量;加强了员工的生产质量教育和岗位培训。

第二,供应管理创新。天安公司把所需采购的原辅材料和外购零部件,根据性能、技术含量以及对成品质量的影响程度,划分为 A、B、C 三类,并设置了不同类别的原辅材料和零部件的具体质量控制标准,进而协助供应厂家达到质量控制要求。

第三,服务管理创新。公司通过大量的市场调研和市场分析活动制定了售前决策,进行了市场策划,树立了公司形象;与经销商携手寻找最佳点共同为消费者提供优质服务;公司建立了一支高素质的服务队伍,购置了先进的维修设备,建立消费者投诉制度和用户档案制度,开展多形式的售后服务工作,提高了消费者满意度。

思考题:

1. 案例中的控制类型有哪些?请分别指出,并说出各自的特点。

2. 天安公司"设置不同类别的原辅材料和零部件的具体质量控制标准"属于哪类控制标准?为什么?

3. 案例中"公司所设置关键质量控制点",体现了有效控制原则中的哪一项?为什么?

拓展实训二

摆梯子

在某集团生产车间的一个角落,因工作需要,工人需要爬上爬下,因此,甲放置了一个梯子,以便上下。可由于多数工作时间并不需要上下,屡有工人被梯子所绊倒,幸亏无人受伤。于是管理者乙叫人改成一个活动梯子,用时,就将梯子支上;不用时,就把梯子合上并移到拐角处。由于梯子合上竖立太高,屡有工人碰倒梯子,还有人受伤。为了防止梯子倒下砸着人,管理者丙在梯子旁写了一个小条幅:请留神梯子,注意安全。

一晃几年过去了,再也没有发生梯子倒下砸着人的事件。一天,外商来谈合作事宜。他们注意到这个梯子和梯子旁的小条幅,驻足良久。外方一位专家熟悉汉语,他提议将小条幅修改成这样:不用时,请将梯子横放。很快,梯子边的小条幅就改过来了。

思考题:

1. 通过本案例,最能说明的是(　　)。

A. 越是高层管理者，控制职能越重要
B. 越是基层管理者，控制职能越重要
C. 无论管理层次高低，控制职能都很重要
2. 属于事前控制的有(　　)。
A. 甲　　B. 乙　　C. 丙　　D. 外方一位专家
3. 属于事后控制的有(　　)。(多选题)
A. 甲　　B. 乙　　C. 丙　　D. 外方一位专家
4. 控制效率最高的是(　　)。
A. 甲　　B. 乙　　C. 丙　　D. 外方一位专家
5. 本案例给我们的最重要的一个启示是(　　)。
A. 控制过程也是一个不断学习的过程
B. 事前控制的效果一般好于事后控制
C. 控制并非是投入越大取得收益越多
D. 事前控制的成本一般高于事后控制

参考答案

第一章 管理活动与管理理论

拓展实训一

1. 在案例这一事件中，对于该书城“超过 7 天不予退，只能换”的规定，书城营业员、负责人始终坚持遵照执行，他们的做法有错吗？为什么？

答：规章制度就其本质而言，是一种管理手段。任何组织为了实现共同的目标，都会制定一系列的规章制度以规范群体的行为。可以说，规章制度是一种有效的管理手段，任何一个组织都不可缺少。但与此同时，要明确规章制度只不过是一种手段，绝不能为了维护规章制度而置组织目标于不顾。对于该书城“超过 7 天不予退，只能换”的规定，书城营业员、负责人在任何情况下都照章办事，是典型的教条主义，他们错把手段当目的，因此其做法是错误的。

2. 如果你是该书城负责人，对田野的退书要求，你认为应该怎样处理？

答：对待规章制度，正确的态度应该是：在一般情况下，照章办理；在特殊情况下，酌情处理。正确对待规章制度的关键是明确界定特殊情况的范围和酌情处理的原则。在本案例中，田野所购书缺页达 40 页之多，因为该书脱销，在调换不可能的情况下要求退书，他退书的目的与该书城制定该规定的目的是一致的，即都是为了维护消费者的利益。该情形属于违反规章的目的与确立规章的目的一致的特殊范围，因此书城负责人应按目标有利原则处理，对田野的退书要求予以妥善解决。即在此种特殊情况下，规章制度可以破，但目标原则不能违背。

同时，要进一步完善书城的退换书规定，如可考虑在规章制度中将所有的特殊情况均列出来，以便指导员工妥善运用。

拓展实训二

1. C 2. BC 3. A 4. D 5. B 6. D

第二章 计 划

拓展实训一

1. 谈谈福特的 Focus 战略是怎样体现“全球思考，地区行动”的。

答：福特的 Focus 目标定位非常明确：在世界市场上使该车型成为销售量的领先者，

成为世界性的汽车。为达到此目标，福特提出了“全球性思考，地区性行动”的战略举措。即其产品既要实现全球范围内销售，实施跨国经营，使之变成世界的，又要考虑到不同国家不同民族的不同文化底蕴和不同的审美观与消费需求，实行地区性差异销售。具体来讲，全球性思考体现在：一是100万辆车在100多个国家销售；二是汽车85%的外壳金属设计仍然保留着全球标准化，体现出企业的总体特色的专一性。而地区性行动体现在：一是其生产与组装放在四个不同的国家，体现一种地区的优势特色；二是汽车的15%的外壳金属设计，根据当地消费者需要和口味进行调整，使Focus的风格与外形经过调整与修改后，适应当地市场特殊的需要与特征。

2. 福特保持其汽车产品85%的统一标准的好处是什么？如果福特保持100%的统一标准，为什么会降低战略的有效性？

答：福特保持其汽车产品的85%的统一标准的好处是保持了福特的品牌形象与产品特色以及一贯的质量标准与质量要求，使消费者无论走到哪里一看到福特车就知道并记住“福特”，同时又体现了福特的灵活性和以人为本的服务理念。相反，如果采用100%的统一标准生产和在世界范围内销售其产品，则不体现地区行动的战略思维，这种不充分考虑地方特色的行为会直接影响到Focus的销售，因为不同地区人们的审美观与消费需求不同，用同一个模式去应对千差万别的消费需求，只会降低其产品的适应能力和市场占有率，最终影响到企业总体目标的实现。

3. 联系本案例谈谈战略性计划与战术性计划的不同。

答：战略性计划与战术性计划是计划的两种类型。战略性计划通常关注的是更大范围，解决下一步要干什么的问题。而战术性决策是在战略性计划指导下，具体解决如何去做的问题，表现在操作层面上。

拓展实训二

本案例的问题可能出在哪里？为什么设定了目标（并与工资挂钩）反而导致矛盾加剧和利润下降？

答：目标管理是员工参与管理的一种形式，强调“自我控制”，注重成果第一。其主要特点一是以目标为中心；二是强调系统管理，要求总目标和各分目标及分目标和分目标之间相互支持保证，形成目标网络体系，保证目标的整体性和一致性；三是重视人的因素。如果操作方法得当，能使各项工作有明确的目标和方向，避免工作的盲目和随意性；能提高整体目标的一致性，有助于增强员工的进取心、责任感，充分发挥员工的潜力和积极性；有助于实现有效管理；有助于增强员工的团结合作精神和内部凝聚力。但如果操作不当，则不仅达不到目标管理应有的效果，反而会形成负面影响。

案例中出现的问题主要在以下几个方面：一是目标的设定没有员工的共同参与，因此员工对高层的这种做法被动执行的多，但并不真正理解公司为什么这么做。二是部门之间的横向协调工作不到位，相互之间各自为政，为了自身的小利益而没有考虑到公司的整体利益，从而影响到公司目标的整体性和一致性。三是目标的设定不全面，过于关注绩效评估，而忽视了其他目标的设定。这一系列问题的出现直接地影响到了公司部门之间的关系和公司的整体利益，最终不仅部门之间的矛盾加深，而且公司的整体利润也急剧下滑。

第三章 决 策

拓展实训

1. 王厂长的两次决策过程合理吗？为什么？

答：从案例来看，王厂长的两次决策分别是个人决策和群体决策。第一次的决策合理，因为王厂长是在掌握充分的信息和对有关情况分析的基础上做出购买进口二手设备的决定的，充分发挥了个人决策的作用，效率高且责任明确。这一决策使佳迪饮料厂摆脱了企业由于当时设备落后、资金短缺所陷入的困境，并由此走上了发展之路。而第二次决策引进世界一流的先进设备的决策过程不够合理，王厂长虽然说民主决策，但群体决策的效果没有得以充分体现。由于屈从压力，存在少数人的权威作用，群体决策成员从众现象较为明显，影响了决策的质量。

2. 如果你是王厂长，在两次决策过程中应做哪些工作？

答：作为佳迪饮料厂的厂长，第一次决策购买进口二手设备，采取个人决策是成功的。但由于个人决策受到有限理性、个人行为特征（如行动的持久性、知觉、成见、个人价值系统、对问题的感知方式）等的影响，所以王厂长应充分考虑企业自身的实际和外部环境因素，在信息充足、备选方案充分的前提下做出决策。

由于企业规模扩大，第二次决策引进世界一流的先进设备时采取群体决策，不但可提供更完整的信息、产生更多的方案、提高方案的接受性和合法性，而且可减少个人决策因知识所限、能力所限、个人价值观、决策环境的不确定性和复杂性等造成的影响，提高决策的质量。所以，在第二次决策时，王厂长应精心营造群体决策的氛围，引导群体决策成员积极参与，明确责任，以充分发挥群体决策的作用。

3. 影响决策的主要因素是什么？

答：影响决策的主要因素有：① 决策者，如决策者对风险的态度；②决策方法；③决策环境；④组织文化；⑤时间。

第四章 组 织

拓展实训一

1. 王华明和严高工的权力各来源于何处？

答：王华明和严高工的权力各来源于直线职位和参谋职位。

2. 严高工在实际工作中行使的是什么权力？你认为严高工作为顾问应该行使什么样的职权？

答：严高工在实际工作中行使的是职能职权，作为顾问严高工应该行使参谋职权。

3. 这家下属企业在管理中存在什么问题？如果你是公司总经理助理，请就案例中该企业存在的问题向总经理提出你的建议以改善现状。

答：这家下属企业在管理中存在的主要问题是：直线人员与参谋人员的关系未处

理好。

相应建议：明确参谋人员的参谋职权和参谋作用，并理顺和直线间的关系；明确直线人员的直线职权并落实到位，对直线人员来说要用足自己的直线职权。

直线人员、参谋人员和职能人员的相互关系，本质上是一种职权关系。在管理工作中，应处理好三者的关系：参谋职权无限扩大，容易削弱直线人员的职权和威信；职能职权无限扩大，则容易导致多头领导，导致管理混乱、效率低下。

要注意发挥参谋职权的作用。从直线与参谋的关系来看，直线人员掌握的是命令和指挥的职权，而参谋人员拥有的则是协助和顾问的职权。参谋的职责是建议而不是指挥，他只是为直线主管提供信息、出谋划策、配合直线人员工作的。由此可知，二者之间是“参谋建议、直线命令”的关系。因此，发挥参谋作用时，应注意：参谋应独立地提出建议；直线人员不为参谋所左右。

应适当限制职能职权的使用。限制使用范围，即限于解决如何做、何时做等方面的问题，再扩大就会取消直线人员的工作；限制使用级别，即下一级职能职权不应越过上一级直线职权。

拓展实训二

1. 案例中李玲所在的这家医院在组织结构的运行上合理吗？为什么？

答：李玲所在的这家医院在组织结构运行上是不合理的，这也正是导致护士长李玲辞职的根本原因。

首先，从统一指挥原则可知，一个下级只接受一个上级的命令和指挥，同时一个下级只对这个上级负责。该原则要求：上下级之间要形成一条纵向连续的等级链；一个下级只有一个上级领导。

案例中，李玲“有两个上司”，在几乎同一时间内，主任护士让她写报告，基层护士监督员让她找人，这种多头领导的局面，严重影响了组织管理的效率。

其次，从授权原则可知，为了使组织结构有效地运行，不能越级授权，不交叉授权，以保证命令的统一。授权者不要越过下级去干涉下级职权范围的事务，因为这样会造成直接下级失去对其职权范围的事务的有效控制。另外，授权者不可将不属于自己权力范围的权力授予下级，以避免交叉指挥，造成管理混乱和效率低下。

案例中，“外科李主任因急诊外科手术正缺人手”，将不属于自己权力范围的权力授予李玲，让她在内科调用两名护士，而李玲的直接主管王华叫李玲“立即让这些护士回到内科部”，这样，就形成了交叉指挥，从而造成管理混乱，组织结构运行效率低下。

2. 就避免案例中的这种结局谈谈你的建议。

答：要避免案例中由于组织结构运行不合理所致的李玲辞职这一结局，需要两方面的努力。

首先，如题1分析可知，案例中这家医院的组织运行不合理，大大降低了组织的运行效率，造成了管理混乱，因此，应该严格遵循组织设计以及组织结构运行的原则对这家医院的组织结构进行再设计，确定李玲唯一的直接上司，统一指挥，保证一个下级只接受一个上级的命令和指挥，同时一个下级只对这个上级负责。

其次，有了合理的组织结构，还需要明确规定每个层次管理者的任务、职责和权限，明确自己的上级是谁、下级是谁、对谁负责；明确工作的程序与渠道、从何处获得信息等。案例中，李主任不应超越自己的权力范围直接向内科借调护士，而应向李玲护士长的直接上司王华说明情况，经王华同意后方可调用，这样就避免了交叉指挥、多头领导的现象的发生。同时，作为护士长的李玲，遇到双重领导指挥的情形时，应与直接上司商议行事。李玲在接到李主任的命令后，应及时向王华报告，经王华同意后，方可执行。

第五章 领 导

拓展实训一

1. A 2. A 3. C 4. B 5. C 6. D 7. A 8. B 9. D

拓展实训二

1. 案例中的专聘岗位制能否起到调动教师教学和科研积极性的作用？在激励员工方面有哪些优缺点？

答：本案例中的“专聘岗位制”这种做法对不对不好一概而论，从总体上来讲，其思路与出发点是好的，如果做得到位，能充分体现绩与效的挂钩，体现优劳优得、按劳分配的科学分配原则，起到调动老师的教学与科研积极性的作用。但在具体运作过程中，能否起到预期的激励目的，取决于两个方面：专聘岗位制的本质是部分人的工资会有一定额度的增加，那么“工资”对员工来讲是否是激励因素；二是这一定的额度对三分之一的员工而言是否起到激励作用，与其所要付出的劳动相比，这一定的额度标准定得是否恰当。

2. 用有关的激励理论谈谈三分之一的专聘岗位设置数合理吗？

答：从现实情况来看，身边的不少组织都在实行定编定岗制度，但不同的单位采用的具体标准不同，就该案例中的高校而言，三分之一的标准意味着全校只有约 300 人进岗，700 多人将被“编外”。这对学校的教学、科研以及各项工作的开展是否有利？同时还要考虑的是许多日常工作具有连贯性和相互配合的特点，个体无法完成全部工作，这就会牵涉岗内岗外的配合问题。

最后要考虑的是任何一项工作的目的性，学校采取相关措施的目的非常明确：希望广大教员，尤其是年轻的教员，回到教学和科研工作中来，全心全意投入教学与科研工作中，但三分之一的岗位恰恰将这部分年轻教员排斥在外，因为无论从资历还是学术水平，年轻教员短期内无法与老教员相比，一刀切的结果是老的留下了，年轻的将更加卖力地出去兼职。

3. 如果由你来起草专聘岗位方案，你将从哪些方面入手？

答：显然专聘岗位的指导思想尽管是对的，但具体的做法不尽如人意。原因是在制定岗位数之前，没有把握住员工的需要，没有深入了解教员尤其是年轻教员的最迫切需要是什么，也没有充分认识到激励措施的激励力到底有多大。因此，在进行有关激励政策的制定之前，首先应该了解员工的需要，以便有的放矢。其次要意识到政策的落实能否产生激励力，能产生多大的激励力，是否有利于组织目标的实现。

第六章 控 制

拓展实训一

1. 案例中的控制类型有哪些？请分别指出，并说出各自的特点。

答：第一，天安公司为了保证产品的优质性，“公司对产品的设计设立高起点，严格要求”；为了对采购的原辅材料和零部件进行质量管理，天安公司“设置不同类别的原辅材料和零部件的具体质量控制标准”，“加强了员工的生产质量教育和岗位培训”；为了做好售前服务工作，公司“通过大量的市场调研和市场分析活动制定售前决策”，这些都属于前馈控制。

前馈控制的目的是保证高绩效，是一种预防性、面向未来的控制，它的工作重点是克服某些干扰或适应环境的变化，提前采取各种预防性措施。这种控制具有防患于未然的效果，适用范围广，易于被职工接受并付诸实施的特点。但是由于未来的不确定性，建立有效的前馈控制的模式需要大量及时准确的信息以及高素质的专业管理人员，因此，在管理工作中，它也不能完全代替其他类型的控制工作。

第二，“依靠公司设置的关键质量控制点对产品的生产过程全程监控，同时，利用PDCA 和 PAMS 方法，持续不断地提高产品的质量”，这属于现场控制。

现场控制能及时发现偏差，及时纠正偏差，是一种较经济、有效的控制方法。但对管理者的素质、精力、应变能力，组织的信息网络设备、技术等要求较高，因此实施难度较大。同时现场控制的应用范围较窄，也容易在控制者与被控制者之间形成心理上的对立，所以，它一般不能成为日常性的主要控制方法，而只能是其他控制方式的补充。

第三，天安公司为了做好售后服务工作，“建立一支高素质的服务队伍，购置先进的维修设备，建立消费者投诉制度和用户档案制度”，这属于反馈控制。

反馈控制可以根据实际结果对工作进行评价，因而它既易被工作人员接受，调动员工的积极性，也有利于管理人员改进管理工作。但这种控制存在时间的滞后性，尽管如此，它仍然是控制活动中运用最多的一种控制方式。

2. 天安公司“设置不同类别的原辅材料和零部件的具体质量控制标准”属于哪类控制标准？为什么？

答：控制标准可以分为定量和定性两大标准。定量标准包括实物标准和价值标准。实物标准是企业在耗用原材料、能源、雇佣劳动力以及生产产品质量、性能和用途等方面的标准；价值标准是反映组织经营状况的指标。定性标准主要是有关产品和服务质量、顾客满意度、组织形象等方面的衡量标准。天安公司是根据原辅材料和零部件的性能、技术含量以及对成品质量的影响程度，从而“设置不同类别的原辅材料和零部件的具体质量控制标准”，因而它属于定量标准中的实物标准。

3. 案例中“公司所设置关键质量控制点”，体现了有效控制原则中的哪一项？为什么？

答：重点原则是指任何组织都不可能对每一件事情进行全面控制。组织在建立有效控制时必须从实际出发，对影响组织目标成果实现或反映工作绩效的各种要素进行科学的分析研究，从中选择出关键性要素作为控制对象，并进行严格的控制，其他方面则相对放松控制。

天安公司“设置关键质量控制点”以保证对产品质量的控制就是在确定了重点的控制对象后，在产品质量控制相关环节上建立了关键控制点，体现了控制原则中的重点原则。

拓展实训二

1. C　2. D　3. BC　4. D　5. C

参考文献

[1] 斯蒂芬·罗宾斯，玛丽·库尔特．管理学（第九版）［M］．北京：中国人民大学出版社，2008.

[2] 周三多，陈传明．管理学（第三版）［M］．北京：高等教育出版社，2010.

[3] 戴淑芬．管理学教程［M］．北京：北京大学出版社，2005.

[4] 肖余春．管理学［M］．杭州：浙江大学出版社，2007.

[5] 孙班军．管理学［M］．北京：科学出版社，2008.

[6] 赵丽芬．管理学概论［M］．上海：立信会计出版社，2009.

[7] 曾坤生．管理学［M］．北京：清华大学出版社，2009.

[8] 高闯．管理学［M］．北京：清华大学出版社，2009.

[9] 汪洁．管理学基础［M］．北京：清华大学出版社，2009.

[10] 苗雨军．管理学［M］．北京：清华大学出版社，2009.

[11] 郑建状．管理学［M］．北京：清华大学出版社，2007.

[12] 杨锐．管理学［M］．北京：人民邮电出版社，2012.

[13] 覃家君．新编管理学基础［M］．北京：北京邮电大学出版社，2012.

[14] 潘连柏．管理学［M］．北京：北京邮电大学出版社，2013.

[15] 肖小红．管理学［M］．北京：科学出版社，2011.

[16] 张扬．管理学［M］．成都：西南财经大学出版社，2006.

[17] 孙晓红．管理学［M］．大连：东北财经大学出版社，2009.

[18] 王建民．管理学原理［M］．北京：北京大学出版社，2006.

[19] 王心娟，等．管理学原理［M］．北京：清华大学出版社，2011.

[20] 倪杰．管理学原理［M］．北京：清华大学出版社，2006.